다양한 패턴과 스타일로 뜨는 미산가

소원팔찌와 액세서리

OTONA NO MISANGA
by Kaoru Chiko
Copyright©KAORU CHIKO 2013
All rights reserved.
First published in Japan in 2013 by SHUFUNOTOMO Co.,Ltd. Tokyo.
Korean translation rights arranged with SHUFUNOTOMO Co.,Ltd.
through Gaon Agency, Seoul
Korean translation copyright © 2014 by YEKYONG Publishing Co.

소원팔찌와 액세서리

지은이	지코 가오루
옮긴이	이은정
펴낸이	한병화
펴낸곳	도서출판 예경
편집주간	유승준
책임편집	이나리
디자인	마가림
초판 인쇄	2014년 6월 20일
초판 발행	2014년 6월 27일
출판 등록	1980년 1월 30일(제300-1980-3호)
주소	서울 종로구 평창2길 3
전화	02-396-3040~3 팩스 02-396-3044

ISBN 978-89-7084-517-3 (13630)

이 책의 한국어판 저작권은 가온 에이전시를 통한 SHUFUNOTOMO Co.,Ltd.,Tokyo.와의 독점계약으로
도서출판 예경에 있습니다.
신저작권법에 의해 한국내에서 보호를 받는 저작물이므로 무단전재와 무단복제를 금합니다.

이 도서의 국립중앙도서관 출판시도서목록(CIP)은 서지정보유통지원시스템 홈페이지(http://seoji.nl.go.kr)와
국가자료공동목록시스템(http://www.nl.go.kr/kolisnet)에서 이용하실 수 있습니다.(CIP제어번호: CIP2014009430)

책값은 뒤표지에 있습니다.

다양한 패턴과 스타일로 뜨는 미산가

소원팔찌와 액세서리

지코 가오루 지음   이은정 옮김

예경

Prologue

남미에서 처음 시작되었다는 '미산가'는 색색의 실을 엮어 만든 팔찌를 말합니다. 이 예쁜 팔찌는 소원팔찌라고도 불리는데요, 팔찌를 언제 어디서든 하고 다니다가 실이 저절로 끊어지면 소원이 이루어진다는 속설때문이지요.

미산가는 가벼운 마음으로 만들다보면 점점 빠져들게 되는 매력이 있습니다. 간단한 매듭 기법이지만 응용 방법이 무척 다양해서 '이번에는 이렇게 꼬아볼까?' '여기에는 반짝이는 비즈를 넣어보자!' 하는 사이에 몇 개나 되는 팔찌를 만들어버리거든요. 이 책에서는 소원팔찌뿐 아니라 미산가 패턴을 응용한 목걸이, 열쇠고리, 발찌 등 다양한 액세서리 만드는 법을 소개합니다.

기초 매듭이 익숙해지면 책에 실린 여러 가지 패턴을 활용해 나만의 개성 있는 스타일의 미산가를 만들어보세요. 여러 개 만들어 주변 사람들과 함께 나누어도 좋습니다. 만들면 만들수록 자꾸만 더 만들고 싶어지는 행복한 일상이 될 거예요.

지코 가오루

Contents

A 비딩 _20

B 스트라이프 _22

C 화살 _24

D 웨이브 _26

E 체스판 _28

F 하트 _30

G 링 _32

H 다이아몬드 _34

PART 2 응용 패턴

색상 레이어드하기_38

비즈 넣어 뜨기_40

장식물 더하기_42

화려하게 완성하기_44

재료와 도구

실

햄프끈(굵기 1.2mm, 0.7mm)
마를 꼬아서 가공한 것으로 부드러우면서도 매트한 질감이 특징입니다. 색상 종류가 많아 다양한 배색이 가능합니다.

햄프끈 믹스(굵기 1.2mm)
실 1줄에 여러 가지 색이 돌아가면서 나오므로 매듭에 색다른 느낌을 줄 수 있습니다.

왁스코드(굵기 1mm)
면사에 왁스로 코팅을 입힌 실로 광택과 탄력이 있습니다. 내구성이 뛰어나며 매듭이 튼튼하게 완성됩니다. 다양한 색상이 있습니다.

나일론끈(굵기 0.7mm)
가늘고 튼튼해서 매듭이 정교하게 만들어집니다. 작은 비즈를 꿰기에도 좋습니다. 다양한 색상이 있습니다.

면사 자수실(굵기 1.2mm)
얇은 실이 여러가닥으로 꼬여있는 면사로, 다양한 색상이 있습니다. 실팔찌를 만들거나 자수를 놓을 때 쓰이며 DMC사의 제품이 대표적입니다.

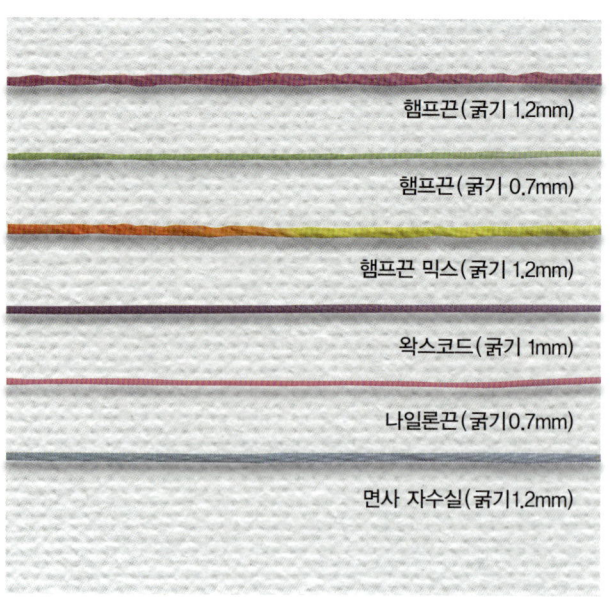

햄프끈(굵기 1.2mm)

햄프끈(굵기 0.7mm)

햄프끈 믹스(굵기 1.2mm)

왁스코드(굵기 1mm)

나일론끈(굵기 0.7mm)

면사 자수실(굵기 1.2mm)

비즈와 장식품
(비즈와 장식물을 구매할 때는 비즈의 구멍이 실의 두께보다 큰지 반드시 확인한다.)

글라스 비즈
유리를 가공하여 색깔을 입힌 비즈입니다. 글라스 비즈 중에 씨앗처럼 크기가 작고 색상이 다양한 것을 시드 비즈라고 하는데, 가장 널리 쓰이는 비즈입니다.

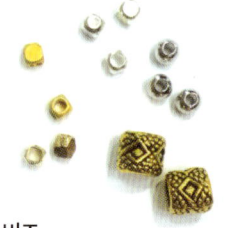

메탈 비즈
금속으로 만든 비즈입니다. 광택과 색상에 따라 다양한 분위기를 냅니다. 구슬형과 튜브형 등 여러 가지 모양과 크기가 있습니다.

우드 비즈
나무로 만들어진 비즈로 무게가 가볍고 자연스러운 분위기를 냅니다. 나무 본래의 색깔 외에도 다양한 채색 비즈가 있습니다.

고리용 비즈
이 책에서는 팔찌의 고리로 원형의 메탈과 우드 비즈를 활용했습니다. 구멍이 비교적 크게 뚫려 있어 단추처럼 실을 넣어 고정할 수 있습니다.

캡스톤
큐빅이나 크리스탈 등을 금속으로 된 캡(스톤 틀)에 고정한 것입니다. 캡스톤 아래쪽에는 바느질 구멍이 있어 팔찌에 단단하게 꿰맬 수 있습니다.

메탈 펜던트와 O링
다양한 모양의 메탈 펜던트는 팔찌와 액세서리에 멋을 더해줍니다. O링을 활용해 팔찌와 펜던트를 연결합니다.

도구

❶ 자
실 길이와 매듭 사이를 잴 때 사용합니다.

❷ 접착제
매듭 코를 고정할 때와 실 끝처리에 사용합니다. 마른 다음에 투명하게 되는 제품이나 순간 접착제를 추천합니다.

❸ 이쑤시개
접착제를 바를 때 사용합니다.

❹ 송곳
매듭 코를 풀 때나 매듭의 고리 크기를 조절할 때 쓰면 편리합니다.

❺ 가위
실을 자를 때 사용합니다. 작고 날 끝이 뾰족한 것이 쓰기 좋습니다.

❻ 코르크보드와 시침핀
보드에 실을 고정시키고 매듭을 뜰 때 씁니다.

❼ 핀셋
끝이 뾰족하고 완전히 오무려지는 제품이 편리합니다. 실을 당기거나 순서대로 엮을 때 사용합니다.

재료와 도구를 구입할 수 있는 곳

셀프아트 (www.selfart.co.kr)
국내 최대 규모의 악세사리 재료 쇼핑몰입니다. 다양한 실과 비즈, 원석, 공예 재료 뿐 아니라 작업에 필요한 도구들도 손쉽게 구매할 수 있습니다.

동대문 종합시장 액세서리 재료 상가
4호선 동대문역에서 하차하면 바로 보이는 '동대문 쇼핑타운' A, B동 5층이 액세서리 재료 상가입니다. 이곳에 가면 국내에서 유통되는 다양한 실, 비즈, 펜던트 등을 한자리에서 볼 수 있습니다. 영업시간은 평일 오전 8시부터 오후 6시까지, 토요일은 오전 8시부터 오후 4시까지이며 일요일은 휴무입니다.

기본 매듭과 기호

미산가를 만들기 위한 기본 매듭 기법 몇 가지를 사진과 함께 소개합니다.

미산가의 기본은 '감기' 입니다 .
기둥실을 세로, 가로, 사선으로 두고 엮는 실을 2 번 감아서 1 코를 뜹니다.
이때 엮는 실의 색이 매듭 코의 색이 됩니다. 배색과 무늬를 자유롭게 만들어봅시다.

> **미산가 매듭의 포인트는 3 가지입니다 .**
>
> 기둥실 당기기·········· 매듭이 느슨해지지 않도록 손으로 당기거나 시침핀으로 보드에 고정합니다 .
>
> 단단하게 엮기·········· 매듭을 엮는 지점에서 가까운 곳을 침으로 고정하면 더욱 확실하게 조일 수 있습니다 .
>
> 가지런히 코 맞추기····· 매듭을 만드는 데 익숙해지면 엮는 실과 기둥실을 다루는 좌우의 손힘이 일정해져 깔끔하게 마무리할 수 있습니다 .

매듭 기호

아래 그림은 매듭과 코를 기호로 나타낸 것입니다.

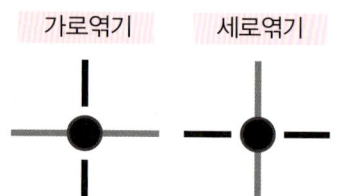

| 가로엮기 | 세로엮기 | 왼쪽에서 오른쪽으로 진행
사선엮기 | 오른쪽에서 왼쪽으로 진행
사선엮기 | 왼쪽에서 오른쪽으로 진행
뒷사선엮기 | 오른쪽에서 왼쪽으로 진행
뒷사선엮기 |

가로엮기를 예로 들면

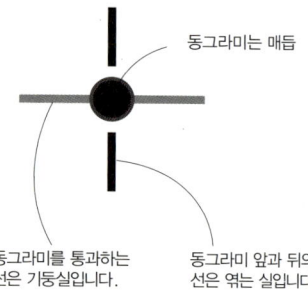

동그라미는 매듭

동그라미를 통과하는
선은 기둥실입니다.

동그라미 앞과 뒤의
선은 엮는 실입니다.

뒷사선엮기를 예로 들면

동그라미에 짧은 선이 있는 것은 사
선가로엮기의 매듭을 나타냅니다.

한줄엮기

중간에 비즈를 고정하거나 끝처리에 사용하는 기본 매듭입니다.

실의 한쪽을 감은 다음 당겨서 조입니다.

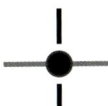

가로엮기

가로로 놓인 기둥실을 세로로 놓인 엮는 실로 감습니다.
〈좌→우〉로 진행할 때는 기둥실을 오른손에 쥐고 왼손으로 엮는 실을 걸어서 매듭을 뜹니다.
〈우→좌〉로 진행할 때는 기둥실을 왼손에, 엮는 실을 오른손에 쥐고 같은 방법으로 매듭을 뜹니다.

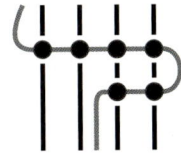

왼쪽에서 오른쪽으로 진행하는 가로엮기 〈좌→우〉

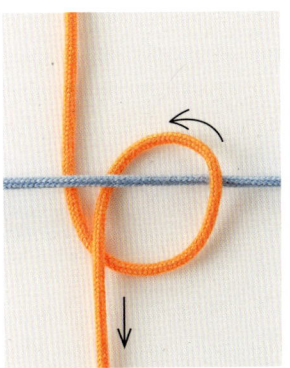

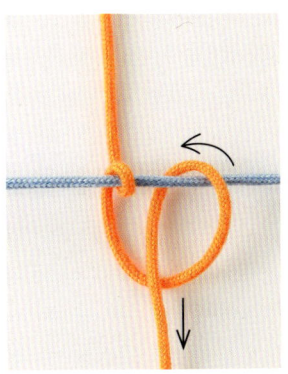

1 엮는 실(오렌지색)을 기둥실(하늘색) 아래에 세로로 놓고 시계반대방향으로 앞에서 뒤로 돌립니다.

2 오른손에 들고 있는 기둥실을 옆으로 팽팽하게 당기고 엮는 실은 아래 방향으로 조입니다.

3 2의 오른쪽 옆에 같은 실, 같은 순서로 매듭을 뜹니다.

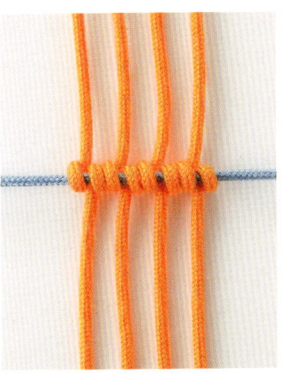

4 2와 마찬가지로 당겨서 조입니다. 세로로 엮는 실 1줄을 2번 감으면 1코가 완성됩니다.

5 엮는 실의 코를 늘리면 오른쪽으로 두꺼워집니다. 코 수로 폭을 조절할 수 있습니다.

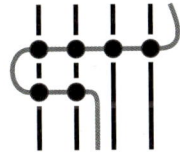

오른쪽에서 왼쪽으로 진행하는 가로엮기 〈우→좌〉

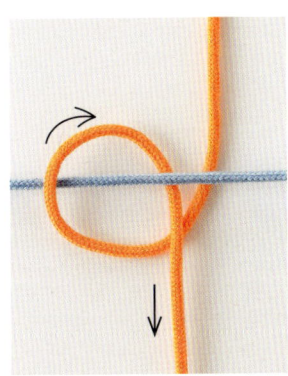

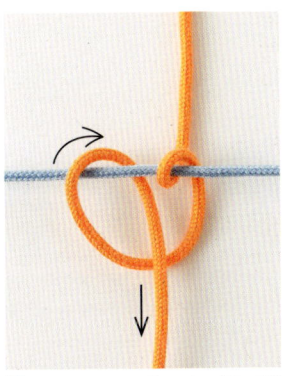

1 엮는 실을 기둥실 아래에 세로로 놓고 시계방향으로 앞에서 뒤로 돌립니다.

2 왼손에 쥔 기둥실을 옆으로, 엮는 실은 아래로 당깁니다.

3 2의 왼쪽에 같은 실, 같은 방법으로 매듭을 뜹니다.

4 2와 마찬가지로 당겨서 조입니다. 세로로 엮는 실 1줄을 2번 감으면 1코가 완성됩니다. 엮는 실의 코를 늘리면 왼쪽으로 두꺼워집니다. 코 수로 폭을 조절할 수 있습니다.

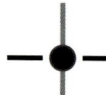 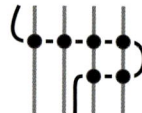 세로엮기

세로로 놓은 기둥실을 옆으로 놓은 엮는 실로 감습니다.
〈좌→우〉로 진행할 때는 기둥실을 왼손에 쥐고 오른손에 쥔 실을 돌려서 매듭을 뜹니다.
〈우→좌〉로 진행할 때는 기둥실을 오른손에, 엮는 실은 왼손에 쥐고 같은 방법으로 매듭을 뜹니다.

왼쪽에서 오른쪽으로 진행하는 세로엮기 〈좌→우〉

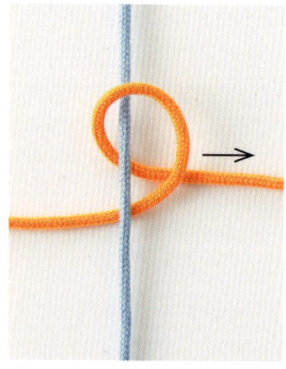  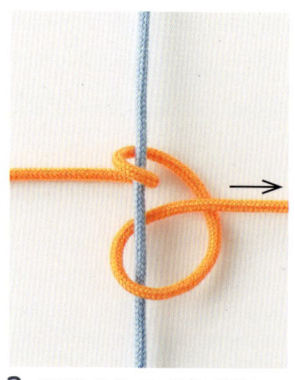 

1 엮는 실을 기둥실 아래에 가로로 두고 앞으로 걸어서 오른쪽으로 빼냅니다.

2 왼손에 쥔 기둥실을 세로로, 엮는 실은 오른쪽으로 당깁니다.

3 2처럼 같은 실, 같은 방법으로 매듭을 뜹니다.

4 2와 같은 방법으로 당겨서 조입니다. 가로로 놓인 엮는 실 1줄을 2번 돌리면 1코가 완성됩니다.

5 좌우 어느 쪽부터 시작을 하든지 엮는 실을 감을수록 아래 방향으로 코가 늘어나며, 원하는 만큼 길이를 만들 수 있습니다.

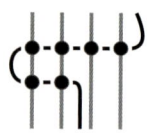 오른쪽에서 왼쪽으로 진행하는 세로엮기 〈우→좌〉

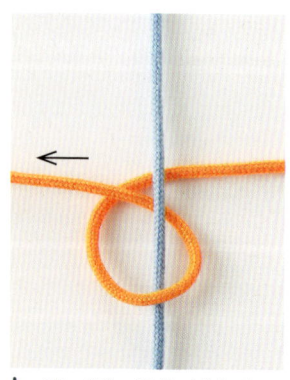  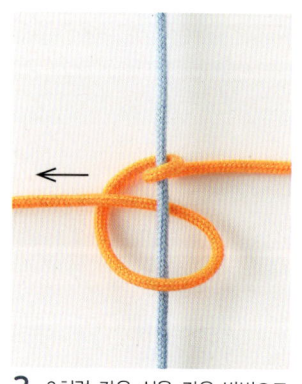 

1 엮는 실을 기둥실 아래에 가로로 두고 앞으로 걸어서 왼쪽으로 빼냅니다.

2 오른손에 쥔 기둥실을 세로로, 엮는 실은 왼쪽으로 당깁니다.

3 2처럼 같은 실을 같은 방법으로 매듭을 뜹니다.

4 2와 같은 방법으로 당겨서 조입니다. 가로로 놓은 엮는 실 1줄을 2번 돌리면 1코가 완성됩니다.

 사선엮기

사선으로 놓은 기둥실을 세로로 놓은 엮는 실로 감습니다.
기둥실은 가로엮기와 같은 방법으로 쥐고 아래쪽 사선 방향으로 당깁니다.

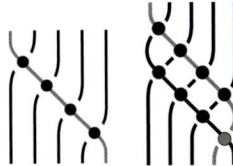

왼쪽에서 오른쪽으로 진행하는 사선엮기 〈좌→우〉

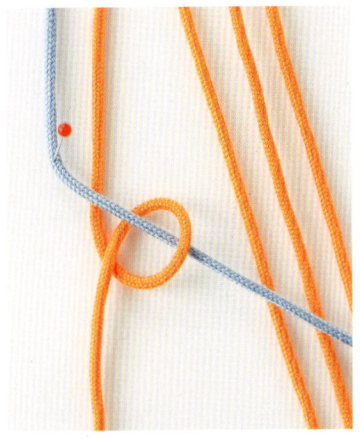

1 기둥실에서 매듭이 시작되는 부분을 시침핀으로 고정시키고 오른쪽 사선으로 당깁니다. 11쪽의 가로엮기〈좌→우〉의 1처럼 엮는 실을 1번 감습니다.

2 오른손에 쥔 기둥실을 사선으로 팽팽하게 잡아당기고 엮는 실을 아래로 당겨서 조입니다. 다시 한 번 같은 순서로 매듭을 뜹니다.

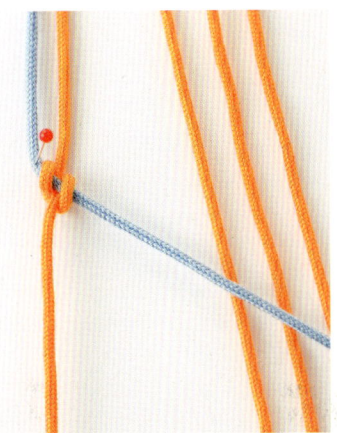

3 2와 같은 방법으로 당겨서 조이면 1코가 완성됩니다.

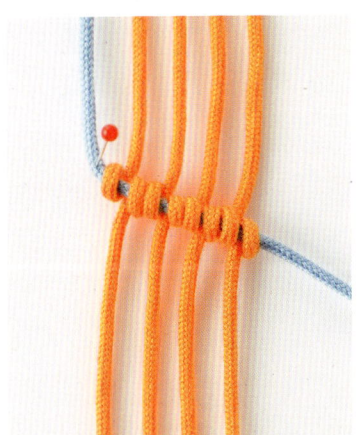

4 오른쪽 끝까지 같은 방법으로 매듭을 뜨면 1단이 완성됩니다.

5 2단째는 왼쪽 끝의 실을 윗단에 나란히 맞춰서 당긴 다음 기둥실로 삼습니다.

6 같은 순서로 오른쪽 끝까지 매듭을 짓습니다. 마지막에 1단의 기둥실을 엮는 실로 해서 매듭을 뜹니다. 엮는 실의 수는 항상 동일합니다.

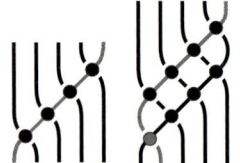

오른쪽에서 왼쪽으로 진행하는 사선엮기 〈우→좌〉

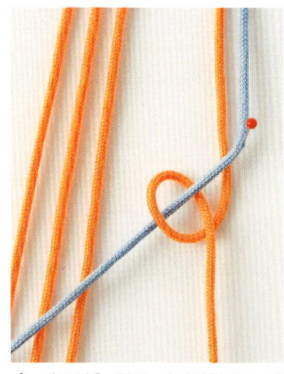

1 기둥실을 왼쪽 사선방향으로 당깁니다. 11쪽의 가로엮기〈우→좌〉의 1처럼 1번 감습니다.

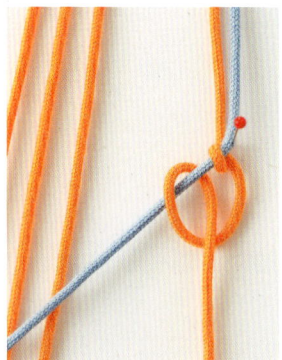

2 엮는 실을 팽팽하게 잡아당기고 다시 한 번 같은 순서로 매듭을 짓습니다.

3 아래로 당겨서 조이면 1코가 완성됩니다.

4 왼쪽 끝까지 같은 방법으로 매듭을 뜨면 1단이 완성됩니다.

5 2단째는 오른쪽 끝 실을 윗단에 나란히 맞춰서 당겨 기둥실로 삼습니다.

6 같은 순서로 왼쪽 끝까지 매듭을 뜹니다. 마지막으로 1단의 기둥실을 엮는 실로 해서 매듭을 뜹니다. 엮는 실의 수는 항상 동일합니다.

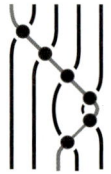

방향을 바꿔서 매듭을 뜨는 사선엮기

1 1단 끝에서 기둥실을 반대 방향 사선으로 당깁니다. 〈우→좌〉의 1~3과 같은 순서로 오른쪽 끝에 매듭 1코를 뜹니다.

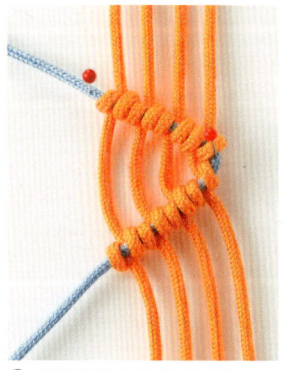

2 왼쪽 끝까지 매듭을 뜹니다.

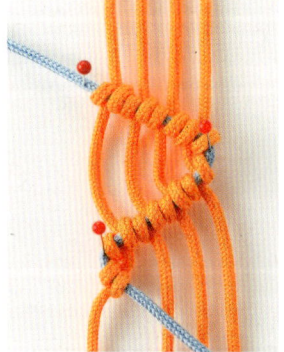

3 다음 단도 같은 기둥실을 반대 방향으로 당겨서 매듭을 뜹니다. 적당한 간격으로 매듭을 뜨면서 실을 원을 그리듯 부드럽게 돌립니다.

14

 **뒷사선엮기**

왼쪽에서 오른쪽으로 진행할 때는 기둥실을 오른손에 쥐고 왼쪽에 쥔 엮는 실을 돌려서 매듭을 뜹니다. 오른쪽에서 왼쪽으로 진행할 때는 기둥실을 왼손에 쥐고 엮는 실은 오른손에 쥐고 매듭을 뜹니다. 엮는 실은 기둥실 위에 놓고 시작합니다.

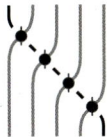

왼쪽에서 오른쪽으로 진행하는 뒷사선엮기 〈좌→우〉

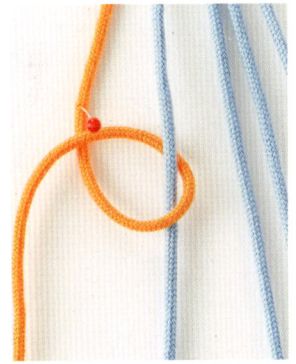   

1 왼쪽 끝에 위치한 엮는 실(오렌지색)로 오른쪽의 기둥실(하늘색)을 위에서부터 시계반대방향으로 겁니다.

2 기둥실과 반대 방향으로, 오른쪽 사선 약간 아래로 당겨서 조입니다.

3 같은 실을 기둥실의 아래로 넣어 다시 한 번 돌린 다음 뒤쪽으로 빼냅니다.

4 두 실을 당겨서 조이면 십자가처럼 생긴 코가 완성됩니다.

5 같은 실을 오른쪽에 있는 기둥실에 1과 마찬가지로 겁니다. 걸린 실을 반코 아래로 살짝 내립니다.

6 2~4와 같은 순서로 묶어 2코를 완성합니다.

7 기둥실의 수만큼 오른쪽 끝까지 매듭을 뜨면, 오른쪽 사선 방향으로 1단이 만들어집니다.

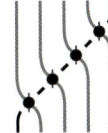

오른쪽에서 왼쪽으로 진행하는 뒷사선엮기 〈우→좌〉

1 오른쪽 끝에 위치한 엮는 실(오렌지색)로 왼쪽 기둥실(하늘색)을 위에서부터 시계방향으로 돌린 다음 왼쪽 아래로 당깁니다.

2 1을 당겨서 조인 다음, 다시 엮는 실을 기둥실 아래로 통과시키고 뒤로 돌려서 뺍니다.

3 두 실을 당겨서 조이면 1코가 완성됩니다.

4 1~3의 순서로 왼쪽 끝까지 매듭을 뜹니다. 왼쪽 사선 방향으로 1단이 만들어집니다.

기둥실을 엮는 실로 앞뒤로 감아서 만드는 매듭입니다. '당김엮기'라고도 부릅니다.

1 오른쪽에 코를 만들 때는 엮는 실을 기둥실 위에 올린 다음, 시계방향으로 걸어서 원 앞쪽으로 빼냅니다.

2 이번에는 엮는 실을 기둥실 아래로 통과시켜서 같은 방법으로 걸어 원 뒤쪽으로 빼냅니다. 이렇게 1코가 완성됩니다.

3 같은 방법으로 1코씩 조이면서 매듭을 뜹니다.

4 왼쪽에 코를 만들 때는 엮는 실을 기둥실에 반시계방향으로 돌려서 1과 2의 방법으로 매듭을 뜹니다.

팔찌의 시작과 끝을 만드는 방법

팔찌의 시작 부분과 끝 부분 처리에는 몇 가지 방법이 있습니다. 일반적으로 사용하는 방법은 약 7cm 길이의 실을 세갈래로 땋아서 묶는 방법입니다(a).

이를 응용한 방법이 바로 '세갈래땋기'로, 팔찌의 양 끝에 하나씩 만든 원과 매듭이 세트입니다. 이때 매듭 부분은 1줄 혹은 2줄 정도 세갈래땋기를 합니다(b, c). 이런 모양의 팔찌를 손에 묶을 때는 원에 매듭을 2번 정도 통과시켜 엮습니다. 길이를 조절하기가 쉽고, 고정 부속품이 없는 경우에 편리합니다.

또 다른 방법은 단추나 원으로 처리하는 것입니다. 매듭을 시작할 때 고정용으로 사용할 단추를 끈에 통과시켜 매듭을 짓습니다. 그리고 마무리 부분의 끈을 좌우로 똑같이 나누어 세갈래로 땋아 단추를 끼울 고리를 1개나 2개 정도 만듭니다. 이 방법은 착용하기에 매우 편리합니다(d, e).

끝부분에 고리를 만들거나 술로 처리할 때는 '한줄엮기', '맺음엮기', '정리엮기'로 매듭을 뜹니다. 팔찌에 따라 다양한 매듭을 활용하거나 끝에 비즈를 다는 등 자유롭게 응용해보아도 좋습니다.

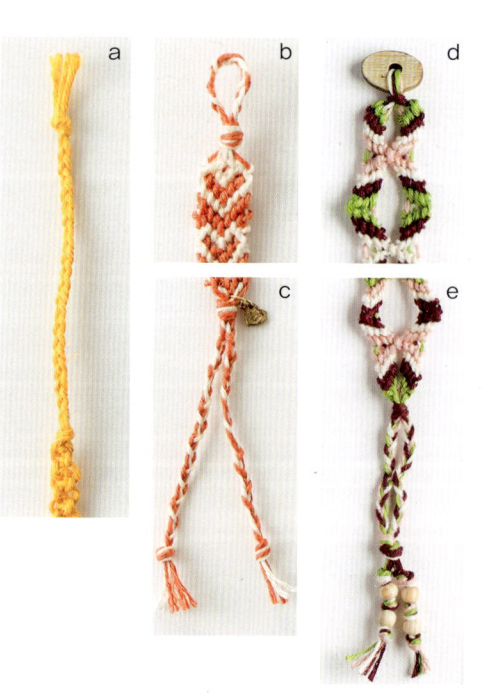

세갈래땋기

실 3줄을 교차하며 땋아서 1줄로 만듭니다.

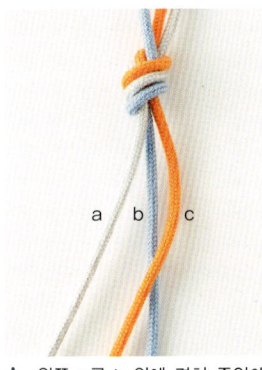

1 왼쪽 c를 b 위에 겹쳐 중앙에 놓습니다.

2 왼쪽 a를 c 위에 겹치고 중앙에 놓습니다.

3 1, 2를 2~3번 반복한 다음 당깁니다.

4 땋을 때마다 당겨서 팽팽하게 땋습니다.

맺음엮기

한 줄로 몇 개의 실을 묶을 때 사용합니다.

1 긴 실을 1개 선택해서 남은 줄을 묶어서 원을 만듭니다.

2 엮는 실을 원에 통과시킵니다.

3 당겨서 조입니다.

정리엮기

맺음엮기의 원을 몇 번 늘려서 정리하는 방법입니다. 더욱 단단하게 묶을 수도 있습니다.

1 맺음엮기와 마찬가지로 기둥실을 아래나 위로 몇 번 돌려서 코일 모양이 된 원 속으로 통과시킵니다.

2 단단하게 매듭을 당겨서 조입니다.

PART 1

기본 패턴

A-1

A-2

A-3

기본 패턴 **A**

비딩

햄프끈으로 간단한 뒷사선엮기를 하고
비즈로 장식한 팔찌입니다.

A-4

A-5

A-6

비딩 패턴의 팔찌는 길이를 늘려 맨발에 발찌로 활용해도 멋집니다.
이 패턴을 기본으로 비즈와 실의 색상을 바꿔가며 여러 개의 팔찌와 발찌를 만들어보세요.
비딩 패턴은 레이어드해서 착용하면 더욱 스타일리시해 보입니다.

기본 패턴 뜨기…A-2 → 48쪽
작품 도안…A-1, 3~6 → 61쪽

기본 패턴 B

스트라이프

사선으로 줄무늬가 생기는 패턴입니다.
단마다 매듭 수를 바꿔가며 뜨면 더욱
재미있는 모양을 만들 수 있습니다.

B-7

B-8

B-9

이 패턴을 시크한 색상 조합으로 만들면 남성에게도 잘 어울리는 팔찌가 됩니다.
B-9, 10은 스트라이프 패턴을 응용한 그물 모양의 팔찌입니다.

기본 패턴 뜨기···B-9 →50쪽
작품 도안···B-7, 8, 10 →62쪽

기본 패턴 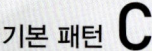 C

화살

마치 화살처럼 스피드감이 느껴지는
V자 패턴입니다.

C-11

C-12

C-13

C-15

C-14

C-12, 13은 붉은 톤의 실을 그라데이션해서 만든 팔찌와 열쇠고리입니다.
C-14는 좌우를 다른 색상의 비즈로 장식한 것이 포인트입니다.

기본 패턴 뜨기…C-12 →51쪽
작품 도안…C-11, 13 →63쪽 / C-14, 15 →64쪽

웨이브

파도를 연상시키는 지그재그 무늬가
재미있는 패턴입니다. 좌우의 코드를
번갈아가며 엮어 만들어요.

D-16

D-17

D-18

D-19

D-17, 18은 가는 실을 사용하여 튼튼하게 매듭을 엮었습니다. 같은 패턴으로 스트랩도 만들 수 있어요.
D-16의 끝부분에는 우드 비즈를 달아 따뜻하고 부드러운 분위기를 연출했습니다.
D-19와 20에는 금속 소재의 비즈와 고리로 포인트를 주었습니다.

기본 패턴 뜨기⋯D-16 →52쪽
작품 도안⋯D-17~20 →65쪽

기본 패턴 E

체스판

팔찌 매듭으로 인기가 있는 체스판 패턴은
바둑판 무늬와 비슷한 모양입니다.
가로엮기와 세로엮기를 조합해 만듭니다

E-21

E-22

E-23

E-24

E-21과 22는 3가지 색상의 햄프끈을 사용했습니다.
팔찌의 색에 맞추어 고리의 재질을 바꿔주면 더 좋아요.
E-23은 체스판 패턴을 응용한 열쇠고리입니다.
포인트로 들어간 레몬색이 싱그러운 느낌을 주지요.
E-24는 시원한 느낌의 배색이라 여름에 특히 잘 어울립니다.

기본 패턴 뜨기…E-22 →53쪽
작품 도안…E-21, 23, 24 →66쪽

F-25

F-26

F-27

기본 패턴 F

하트

하트 패턴으로 사랑스러운 느낌의
팔찌를 만들어보세요.
실의 종류에 따라 하트의 모양이나
분위기도 달라집니다.

F-28

F-29

F-25~27 3가지 모두 기본 색상은 진핑크로 하고, 작고 귀여운 메탈 비즈를 함께 엮었습니다.
F-25 팔찌는 약간 길게 만들어 발찌로 활용해도 잘 어울려요.
F-28, 29는 햄프끈을 활용한 로맨틱한 느낌의 팔찌입니다.
팔목에 찰 때는 위쪽의 고리에 아래쪽의 실을 여러 번 감아서 묶으면 됩니다.

기본 패턴 뜨기…F-29 →55쪽
작품 도안…F-25~28 →67쪽

링

가늘고 긴 링이 이어져 있는 듯한 무늬입니
다. 매듭을 좌우로 나눠 몇 단을 뜨고, 다시
중심으로 모아주면 타원형의 링이 생기지요.

G-30

G-31

팔찌에 들어가는 링의 크기는 매듭을 좌우로 몇 단을 뜨고 합치느냐에 따라 달라집니다.
이 패턴의 팔찌는 길게 만들어 남성이 착용해도 잘 어울립니다.
G-32의 열쇠고리는 G-33과 같은 매듭이지만 좀 더 가는 실로 만든 것입니다.

기본 패턴 뜨기…G-33 →57쪽
작품 도안…G-30, 31 →68쪽 / G-32 →69쪽

G-32

G-33

기본 패턴 H

다이아몬드

다이아몬드는 규칙을 한번 배우고나면
의외로 간단한 매듭입니다.
안에서 바깥으로, 바깥에서 안으로
매듭을 증감하면서 모양을 만듭니다.
다양한 색상의 실을 활용해
여러가지 배색을 만들어보세요.

H-34

H-35

H-36

H-37

H-38

H-34와 35는 같은 배색이지만 색을 반대로 엮었더니 분위기가 완전히 달라졌습니다.
H-37은 기본 매듭보다 단을 많이 늘려 떠서, 다이아몬드의 색상을 다채롭게 표현한 디자인입니다.

기본 패턴 뜨기…H-38 →58쪽
작품 도안…H-34~37 →70쪽

PART 2

응용 패턴

A-39

B-40

색상 레이어드하기

기본 패턴이 다르더라도 비슷한 계열의
실로 팔찌를 만들어 함께 착용하면
전체적으로 세련되고 화려한 인상을 줍니다.
각 팔찌에 쓰인 기본 패턴은 앞서 소개한
알파벳으로 쉽게 구별하세요.
여기서는 비딩(A)과 스트라이프(B), 링(G)
패턴을 활용했습니다.

G-41

A-39, B-40은 모두 파스텔 색상의 햄프끈 믹스를 사용했습니다. A는 비딩, B는 스트라이프 패턴을 의미합니다.
B-40은 색실에 메탈 비즈를 여러 개 꿰어 화려한 느낌을 더했습니다.
G-41은 링 패턴으로 만든 목걸이입니다. 먼저 15cm 정도의 링 매듭을 만들고, 30cm 가량 띄운 다음
다시 한 번 링을 만들면 됩니다. 보기보다 만들기 쉬운 디자인입니다.

기본 패턴 뜨기…A →48쪽, B →50쪽, G →57쪽
작품 도안…A-39 →61쪽, B-40 →68쪽, G-41 →69쪽

비즈 넣어 뜨기

비딩(A)과 다이아몬드 패턴(H)에
비즈를 장식한 응용 작품입니다.

A-42

H-43

A-42는 매듭을 길게 지어서 목걸이로 만들었습니다.
H-43은 다이아몬드 패턴에 작은 실버 비즈를 꿰어 만든 팔찌입니다.
A-44, 45, 46은 비딩 패턴에서 좌우 1코씩을 늘려 엮은 팔찌입니다.
우드, 글라스, 메탈 등 어떤 비즈를 사용하는지에 따라 팔찌의 분위기가 달라집니다.

기본 패턴 뜨기…A →48쪽, H →58쪽
작품 도안…A-42 →71쪽, H-43 →70쪽, A-44~46 →72쪽

장식물 더하기

기본 패턴에 장식물을 더해서 매듭을
색다르게 연출해보면 어떨까요?
여기서는 비딩(A)과 스트라이프(B)
패턴을 응용한 방법을 소개합니다.

B-47

A-48

B-49

B-50

B-47은 가는 굵기의 실 여러 줄로 레이스 모양을 만들었습니다. 맨발에 착용하면 멋진 발찌가 됩니다.
B-47, 49, 50은 스트라이프 패턴을 응용한 것입니다. 사선엮기로 3단을 지그재그로 뜨면 파도 모양이 되지요.
A-48은 비딩 패턴에 컬러 비즈와 메탈 펜던트로 장식했습니다.

기본 패턴 뜨기…A →48쪽, B-49 →49쪽
작품 도안…B-47 →73쪽, A-48 →71쪽, B-50 →73쪽

C-51

응용 패턴
화려하게 완성하기

기본 패턴에 이제 익숙해졌다면
매듭을 이리저리 응용해보거나
화려한 스톤을 달아보세요.
화려하면서도 개성이 있는 나만의
액세서리가 완성될 거예요.

H-52

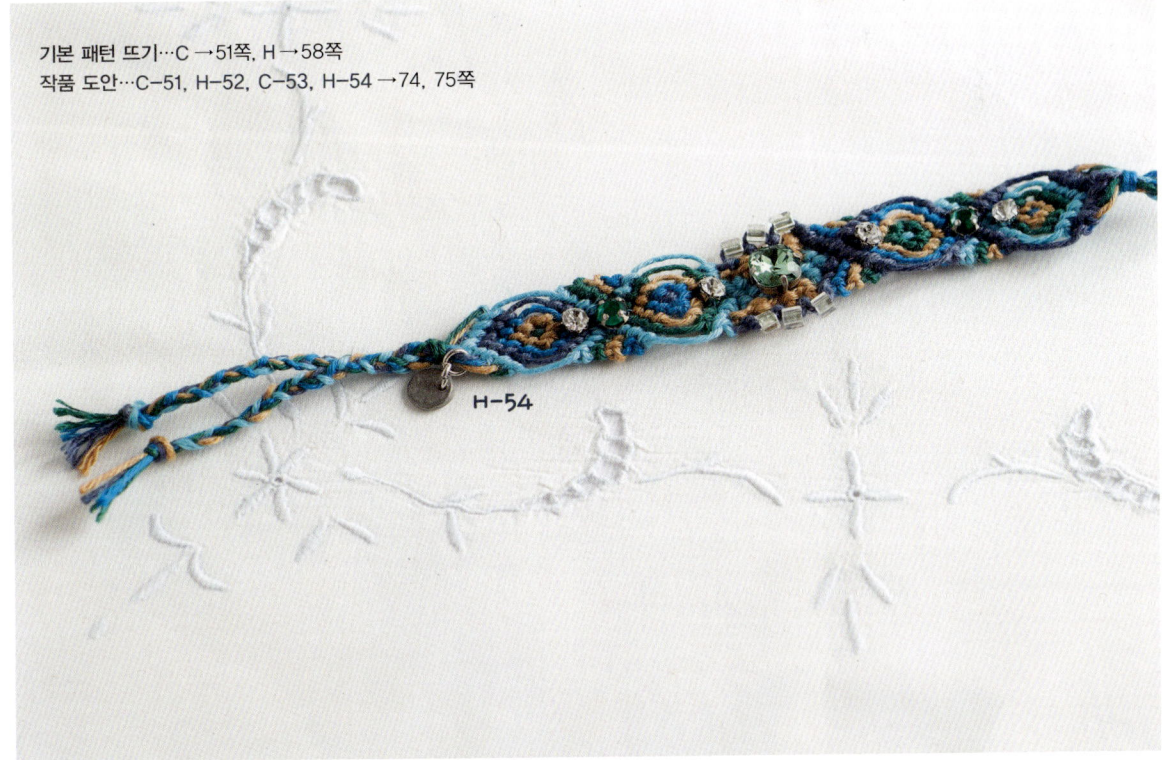

C-51은 화살 패턴으로 팔찌를 뜨고, 스톤과 메탈 장식을 더하여 이국적인 화려함을 강조했습니다.
H-52, 54는 다이아몬드 패턴를 응용한 작품입니다. 다양한 색실로 다이아몬드 모양의 폭을 넓혀 뜨고 비즈를 달았습니다.
C-53은 양쪽에 화살 패턴을 사용하고 터칭엮기 중간에 비즈를 넣어 동양적인 느낌을 살렸습니다.

기본 패턴 뜨기⋯C →51쪽, H →58쪽
작품 도안⋯C-51, H-52, C-53, H-54 →74, 75쪽

PART 3

만드는 방법

기본 패턴 뜨기
작품 도안

기본 패턴 뜨기

A 비딩

재료
햄프끈(1.2mm): 옐로우 80cm×3줄
우드 비즈(길이 4mm): 26개

※ 햄프끈에 비즈를 꿸 때는 실 끝에 접착제를 살짝 발라서 딱딱하게 만들면 비즈를 쉽게 꿸 수 있습니다.

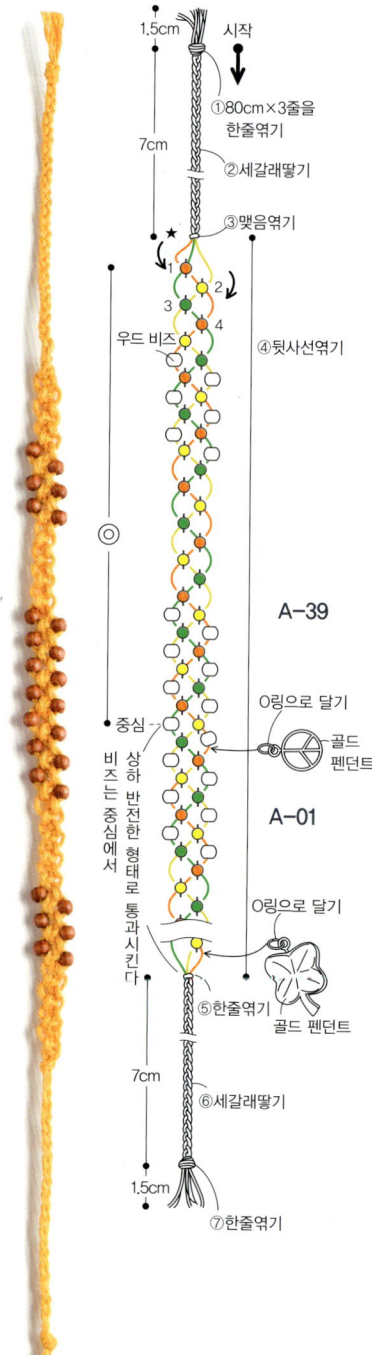

1.5cm
시작
①80cm×3줄을 한줄엮기
7cm
②세갈래땋기
③맺음엮기
우드 비즈
④뒷사선엮기

A-39

오링으로 달기
골드 펜던트

중심
A-01

오링으로 달기

골드 펜던트
⑤한줄엮기
7cm
⑥세갈래땋기
1.5cm
⑦한줄엮기

비즈는 중심에서 상하 반전한 형태로 통과시킨다

A-2 뒷사선엮기 (20쪽 참고)

※ 이해를 돕기 위해서 실의 색과 재료를 바꿔서 설명합니다.

1 끝에서 1.5cm 아래로 내려와서 한줄엮기를 한 다음 세갈래땋기를 한다.

2 7cm 땋은 다음 맺음엮기를 한다.

3 왼쪽에서 〈좌→우〉 뒷사선엮기를 1코 뜬다. 왼쪽의 엮는 실을 오른쪽 바로 옆의 기둥실에 걸어서 당긴다.

4 다시 한 번 걸어서 당기면 왼쪽에 1코가 완성.

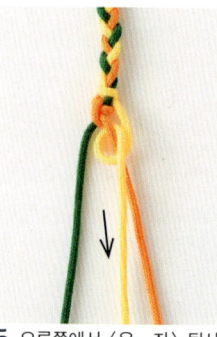

5 오른쪽에서 〈우→좌〉 뒷사선엮기를 한다. 오른쪽 끝 엮는 실을 왼쪽 옆의 기둥실에 건다.

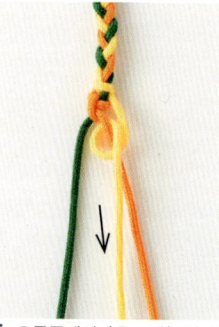

6 다시 한 번 걸어서 당기면 오른쪽에 1코가 생긴다. 좌우 1코씩 3~6 방법으로 뜬다.

7 3~6을 3번 반복한다.

8 왼쪽 끝의 엮는 실에 비즈를 꿰고 나서 3, 4의 순서로 매듭을 뜬다.

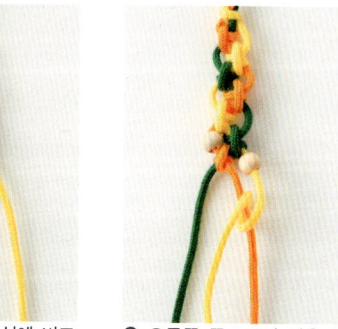

9 오른쪽 끝도 8과 같은 순서로 매듭을 뜬다. 오른쪽 끝의 엮는 실에 비즈를 꿰고 나서 6의 방법으로 매듭을 뜬다.

10 3~9의 순서로 도안의 횟수만큼 매듭을 뜬다.

11 17cm 길이로 뜨고 맺음엮기를 한다. 2와 마찬가지로 세갈래땋기로 7cm를 땋고 한줄엮기를 한 다음 실을 1.5cm 남기고 자른다.

B 스트라이프　B-49 사선엮기 (43쪽 참고)

재료
왁스코드(1mm): 베이지, 레드, 블루 각 165cm, 그린 155cm
메탈 비즈(길이 3mm): 골드 26개
메탈 비즈(길이 6mm): 골드 2개
메탈 비즈(고리용): 1개, 골드 펜던트: 1개

※ 이해를 돕기 위해서 실의 색과 재료를 바꿔서 설명합니다.

도안 라벨
시작
메탈 비즈
블루
레드
베이지
★ 그린

① 165cm×3줄, 155cm×1줄 총 4줄의 중심에 고정 부속품을 달고 한줄엮기

◎ ② 사선엮기

메탈 비즈 (길이 6mm)

2 cm

14,5 cm

도중에 비즈를 꿰면서 ◎를 총 4번 반복한다

메탈 비즈(길이 3mm) 6개

중심

골드 펜던트

비즈는 중심에서 상하 반전된 형태로 꿴다

③한줄엮기
④좌우 4개씩 나눠서 2·1·1줄씩 세갈래땋기로 고리를 만든다
1cm
1cm
⑤한줄엮기
⑥비즈를 꿴다
메탈 비즈(길이 3mm)
3,5cm
⑦한줄엮기

1 8줄을 배색 순서대로 놓는다. 오른쪽에서 〈우→좌〉사선엮기를 1코 뜬다.

2 순서대로 엮는 실을 바꿔가며 왼쪽 끝까지 7코를 뜨면 1단이 완성된다.

3 오른쪽 맨 끝의 실을 기둥실로 삼는다. 기둥실을 왼쪽으로 비스듬히 두고 1~2의 순서로 2단째를 뜬다.

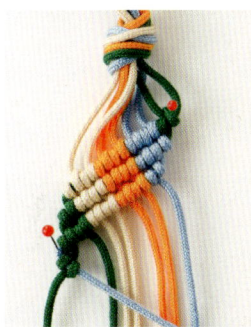

4 3단을 뜨고 나서 같은 기둥실을 오른쪽으로 비스듬히 두고 왼쪽에서 〈좌→우〉사선엮기를 시작한다.

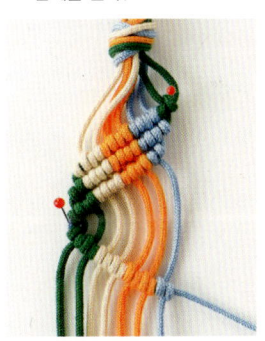

5 오른쪽 끝까지 뜨면 1단이 완성된다. 4~5의 순서대로 3단을 뜬다. 여기까지가 1모티브 (◎)이다.

6 도안에 표시된 위치에 비즈를 꿰면서 ◎를 총 4번 반복해서 14.5cm 길이로 만든다.

7 8줄을 한줄엮기로 묶은 다음 고리를 만든다(51쪽 10~11 참고). 비즈를 꿰고 한줄엮기로 묶는다. 실 끝을 가지런히 자르고 접착제로 고정시킨다.

B 스트라이프　B-9 뒷사선엮기 (22쪽 참고)

재료

면사 자수실(1.2mm):
라이트 브라운 170cm×2줄, 화이트 170cm,
네이비 160cm

※ B-10은 괄호 안의 실을 사용해
동일한 방법으로 만든다.

※ 이해를 돕기 위해서 실의 색과 재료를 바꿔서 설명합니다.

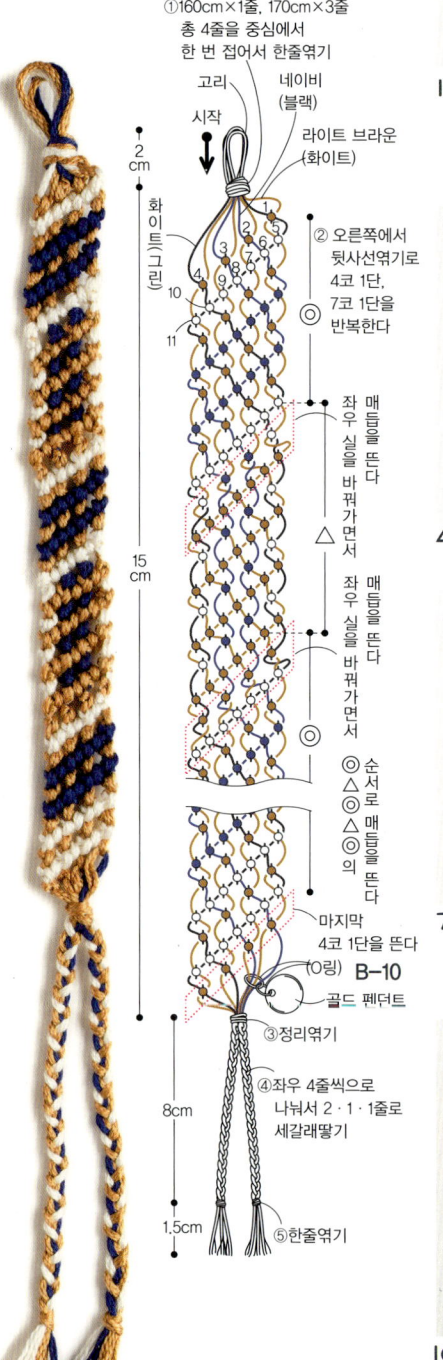

①160cm×1줄, 170cm×3줄
총 4줄을 중심에서
한 번 접어서 한줄엮기

고리
시작

네이비
(블랙)
라이트 브라운
(화이트)
화이트(그린)

② 오른쪽에서
뒷사선엮기로
4코 1단,
7코 1단을
반복한다

◎

좌우 매듭을 뜬다 실을 뜬다 바꿔 가면서

△

좌우 매듭을 뜬다 실을 뜬다 바꿔 가면서

◎
◎ 순서로
△◎ 매듭을 뜬다
△◎ 의
△◎

마지막
4코 1단을 뜬다
(O링) **B-10**
골드 펜던트

③정리엮기

④좌우 4줄씩으로
나눠서 2·1·1줄로
세갈래땋기

⑤한줄엮기

2cm
15cm
8cm
1.5cm

1 8줄을 배색 순서대로 놓고 오른쪽에서 〈우→좌〉뒷사선엮기를 1코 뜬다.

2 마찬가지로 2줄씩 잡아서 오른쪽을 엮는 줄로, 왼쪽을 기둥실로 매듭을 떠서 총 4코 1단을 만든다.

3 2단째에는 오른쪽 끝의 엮는 실로 1코를 뜬다.

4 같은 방법으로 왼쪽 끝까지 7코를 뜬다.

5 3단째에는 다시 1단째와 같은 순서로 1코 뜬다.

6 1, 2의 순서로 왼쪽 끝까지 4코를 뜬다.

7 4단째에는 3, 4의 순서로 7코를 뜬다. 4코 1단과 7코 1단을 반복한다.

8 9단째. 왼쪽의 엮는 실 1줄, 오른쪽 기둥실 1줄의 각 2줄씩 오른쪽에서 〈좌→우〉를 뜬다.

9 왼쪽 끝까지 4코를 뜬다. 그림처럼 2줄을 각각 좌우를 바꿔 가며 매듭을 뜨고 8단 1모티브(△)를 만든다.

10 ◎를 3회, △를 2회 교대로 반복하고 마지막에 4코 1단을 떠서 15cm 길이로 만든다.

11 한줄엮기로 정리하고 좌우 4줄씩 나눠서 세갈래땋기를 8cm 한다. 한줄엮기를 한 다음 1.5cm 여유를 두고 자른다.

C 화살 C-12 뒷사선엮기 (24쪽 참고)

재료
햄프끈(1.2mm):
아이보리, 오렌지, 레드, 핑크 각 170cm
메탈 비즈(고리용): 1개

※ 이해를 돕기 위해서 실의 색과 재료를 바꿔서 설명합니다.

①170cm×4줄의 중심에
고정 버튼을 끼워서
8줄을 정리엮기

②뒷사선엮기
왼쪽 3코, 오른쪽 3코를 뜨고
중심에서 1코 뜬다
합계 4색 4단

메탈 비즈

오렌지
레드

시작
레드
아이보리

핑크   핑크

◎을 반복한다
총 9회

16
cm

1.5cm

1.5cm

3
cm

③정리엮기

④좌우 4줄씩 나눈다
2·1·1줄로
세갈래땋기를 해서
고리를 만든다

⑤정리엮기

⑥한줄엮기

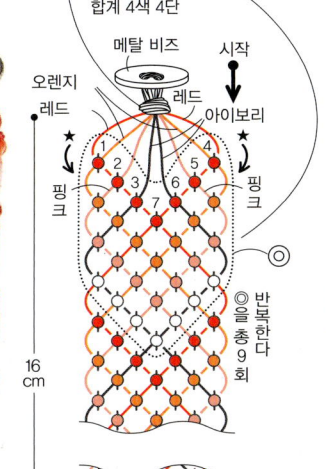

1 정리엮기로 8줄을 묶는다.

2 배색순서로 놓고 왼쪽에서 〈좌→우〉뒷사선엮기를 시작한다.

3 2번 감아서 당긴다. 1코가 완성된다.

4 같은 색의 엮는 실로 왼쪽에서 오른쪽으로, 총 3코 뜬다.

5 2~3의 순서로 오른쪽에서도 〈우→좌〉뒷사선엮기로 3코를 만든다. 이때 엮는 실 2줄이 중앙에 온다.

6 왼쪽의 엮는 실 1줄, 오른쪽의 기둥실 1줄로 중앙에 1코 매듭 1단을 완성한다.

7 2단째에는 왼쪽에서 2~4의 순서로 매듭뜨기를 시작한다.

8 오른쪽도 마찬가지로 3코 뜨고 중앙의 1코는 과정 6과 동일하게 매듭을 뜬다.

9 2~6을 총 4번 반복하고 4색 4단으로 1모티브(◎)를 완성한다. ◎를 총 9개 반복해서 길이 16cm를 만든다.

10 8줄을 정리엮기한 다음 4줄씩 나눈다. 2·1·1줄로 좌우로 각각 세갈래땋기를 하고 1.5cm 내려온 지점에서 좌우 1줄씩 교차시킨 다음 다시 세갈래땋기를 한다.

11 고리를 2개 만들어 정리엮기를 한 다음, 3cm 여유를 남기고 자른다. 줄마다 매듭에 접착제를 약간 발라서 고정시킨다.

재료
면사 자수실(1.2mm): 옐로우, 와인 각 180cm,
오렌지, 브라운 각 190cm
우드 또는 자개 비즈(고리용): 1개

◆ 시작 방법 ◆

우드 비즈
오렌지 · 옐로우
브라운 · 와인
120cm 100 80 cm 70 60 cm

그림처럼 좌우 길이의
차를 두고 세팅합니다

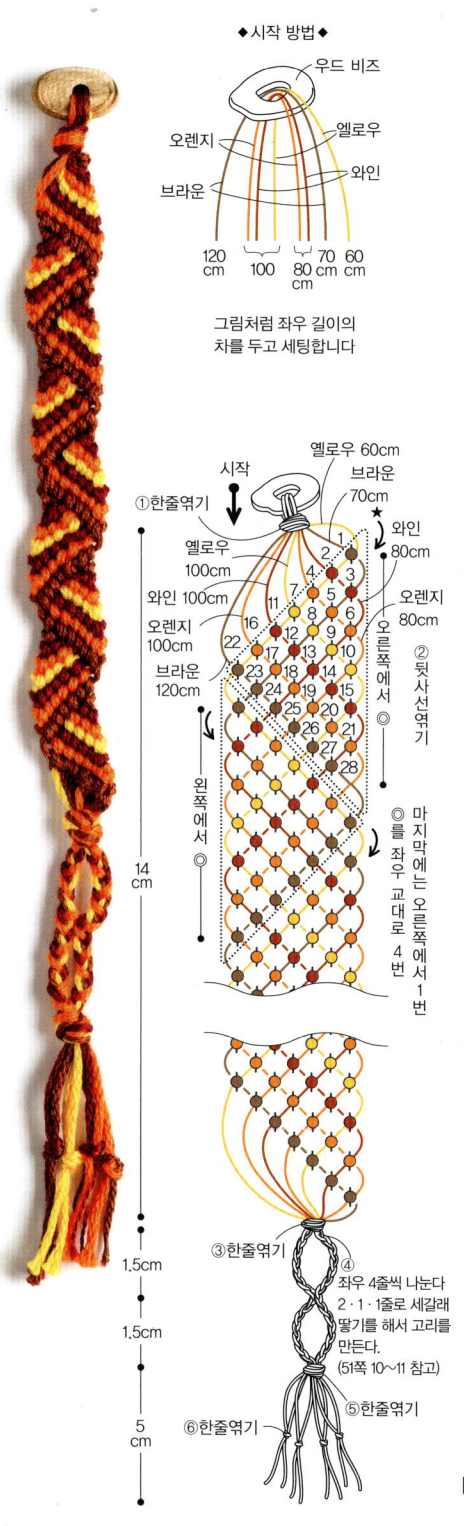

시작
①한줄엮기
옐로우 60cm
브라운 70cm
옐로우 100cm
와인 80cm
와인 100cm
오렌지 80cm
오렌지 100cm
오른쪽에서 ◎
브라운 120cm
②뒷사선엮기
왼쪽에서 ◎
◎를 좌우 교대로 4번
마지막에는 오른쪽에서 1번

14 cm

③한줄엮기
④좌우 4줄씩 나눈다
2 · 1 · 1줄로 세갈래
땋기를 해서 고리를
만든다.
(51쪽 10~11 참고)
1.5cm
1.5cm
⑤한줄엮기
⑥한줄엮기
5 cm

※ 이해를 돕기 위해서 실의 색과 재료를 바꿔서 설명합니다.

1 8줄을 배색 순서로 놓고 오른쪽에서 〈좌→우〉 뒷사선엮기를 1코 해서 1단을 완성한다.

2 같은 기둥실에 왼쪽의 엮는 실로 1코를 뜬다.

3 같은 엮는 실로 오른쪽 기둥실에 다시 매듭을 뜬다.

4 2코를 뜨면, 2단째가 완성.

5 1~3의 순서로 왼쪽의 엮는 실 1줄, 오른쪽의 기둥실 1줄로 1단마다 코를 늘려서 총 7단을 만들면 오른쪽에서 1모티브(◎)가 완성된다. 왼쪽에서 〈좌→우〉로 1코를 뜬다.

6 같은 기둥실에 오른쪽의 엮는 실로 코를 뜬다.

7 같은 실로 왼쪽의 기둥실을 감아서 2코를 뜬다. 왼쪽에서 2단째가 완성된다.

8 마찬가지로 3단째를 뜬다. 이렇게 해서 왼쪽에도 총 7단으로 1모티브(◎)가 완성된다.

9 ◎를 좌우 교대로 총 4번 반복하고 마지막에는 오른쪽에서 1모티브를 만든다.

10 8줄을 한줄엮기로 해서 51쪽 10~11의 방법으로 고리를 만들어 한줄엮기를 한 다음 자른다.

E 체스판　E-22 가로엮기＋세로엮기 (28쪽 참고)

재료

햄프끈(1.2mm): 블루 300cm,
베이지, 라이트 브라운 150cm×2줄
우드 단추: 1개

※ E-21은 괄호 안의 실을 사용해
동일한 방법으로 만든다.

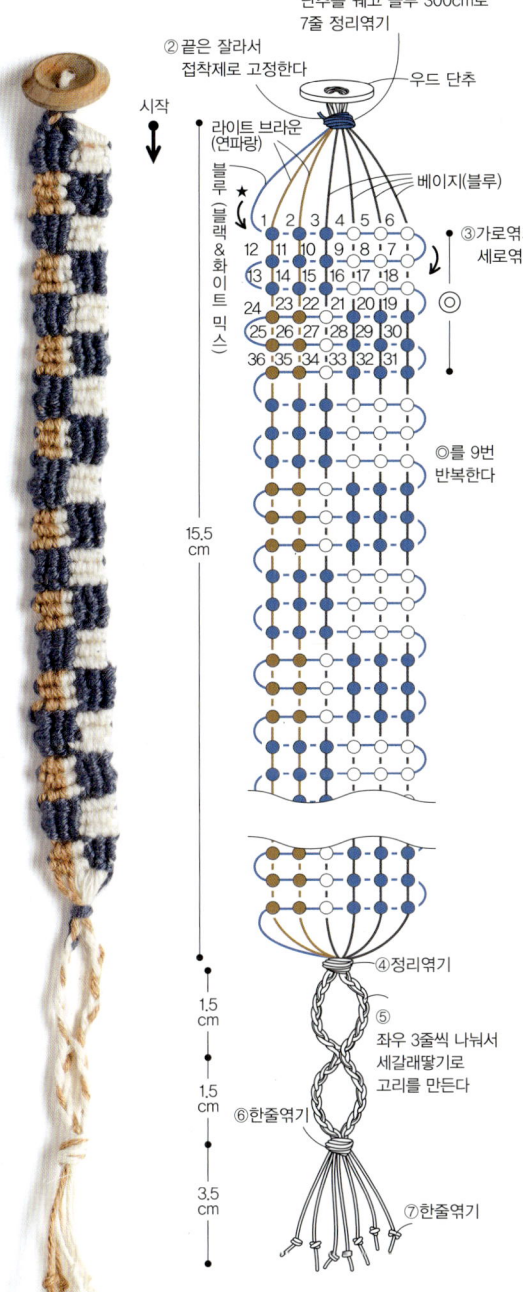

① 150cm×3줄의 중심에
단추를 꿰고 블루 300cm로
7줄 정리엮기

② 끝은 잘라서
접착제로 고정한다

우드 단추

라이트 브라운
(연파랑)

블루
(블랙
&
화이
트
믹
스)

베이지(블루)

③ 가로엮기,
세로엮기

◎를 9번
반복한다

15.5
cm

시작

④ 정리엮기

⑤
좌우 3줄씩 나눠서
세갈래땋기로
고리를 만든다

⑥ 한줄엮기

⑦ 한줄엮기

1.5
cm

1.5
cm

3.5
cm

※ 이해를 돕기 위해서 실의 색과 재료를 바꿔서 설명합니다.

1 300cm의 실은 길기 때문에 묶는다. 그 실로 정리엮기를 한 후에 실 끝은 잘라서 접착제로 고정한다.

2 6개를 배색 순서로 놓고 왼쪽에서 〈좌→우〉세로엮기를 한다.

3 당겨서 1코 뜬 상태.

4 2~3의 순서로 총 3코를 만든다.

5 매듭을 뜬 줄을 기둥실로 하고 〈좌→우〉가로엮기를 한다.

6 당겨서 1코를 만든다.

7 5~6의 순서로 총 3코를 만들면 1단 완성.

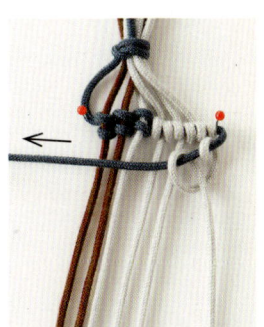

8 같은 기둥실을 왼쪽으로 접어서 〈우→좌〉가로엮기를 3단 만든다.

9 기둥실을 엮는 실로 바꿔서 〈우
→좌〉세로엮기를 한다.

10 세로엮기 3단 중 2단 완성.

11 같은 기둥실을 오른쪽으로
접어서 2~7 순서로 3단을
뜬다.

12 오른쪽 끝의 엮은 실을 왼쪽
으로 접어서 〈우→좌〉세로엮
기를 뜬다.

13 다시 한 번 걸어서 조인다.

14 3코 뜨고 엮는 실을 기둥실
로 바꿔서 〈우→좌〉가로엮기
를 한다.

15 가로엮기 3코를 완성하면 4단
째. 마찬가지로 기둥실을 접
어서 같은 배색으로 총 3단을
뜬다.

16 총 6단으로 된 1모티브(◎)
완성.

17 ◎을 총 9번 반복한다.

18 세로엮기를 1줄로 정리엮기
를 한 다음 단을 자르고 접
착제로 고정한다. 51쪽 과정
10의 방법으로 고리를 만들
어 한줄엮기를 해서 자른다.

F 하트 F-29 뒷사선엮기 (31쪽 참고)

재료
햄프끈(1.2mm): 화이트, 오렌지 각 200cm×2줄
골드 팬던트: 1개
골드 O링: 1개

※ F-28은 괄호 안의 실을 사용해
동일한 방법으로 만든다.

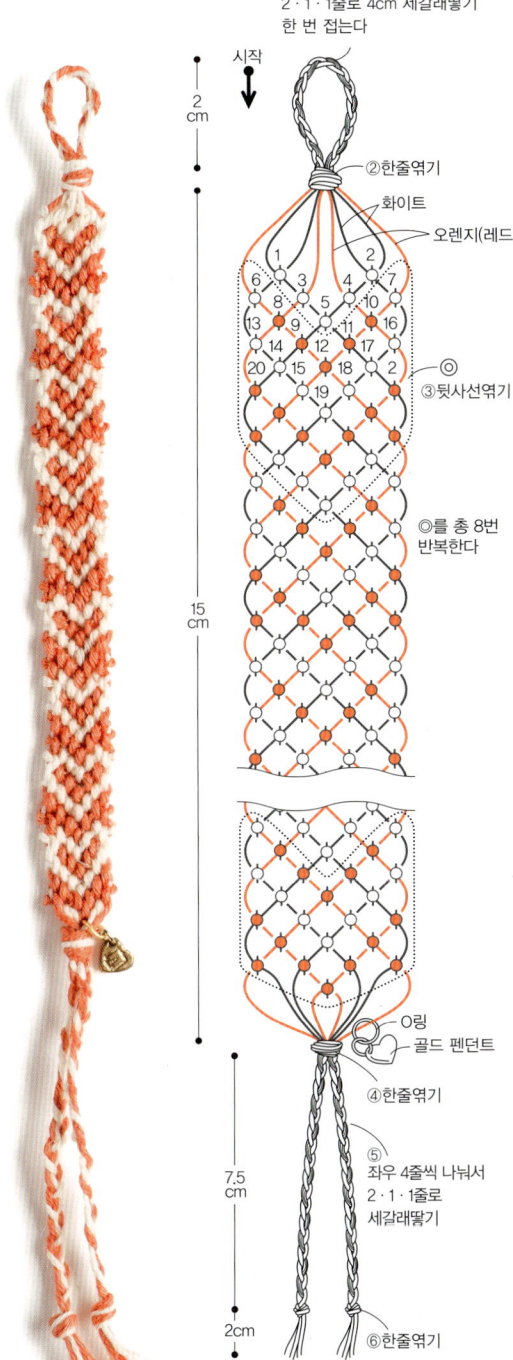

① 200cm×4줄 중심에
2·1·1줄로 4cm 세갈래땋기
한 번 접는다

시작

2
cm

②한줄엮기
화이트
오렌지(레드)

③뒷사선엮기

◎를 총 8번
반복한다

15
cm

O링
골드 펜던트

④한줄엮기

⑤
좌우 4줄씩 나눠서
2·1·1로
세갈래땋기

7.5
cm

⑥한줄엮기

2cm

※ 이해를 돕기 위해서 실의 색과 재료를 바꿔서 설명합니다.

1 8줄을 배색 순서대로 놓고 왼
쪽에서 2번째 실을 기둥실, 3번
째 실을 엮는 실로 해서 〈우
→좌〉뒷사선엮기를 한다.

2 당겨서 1코를 완성한다.

3 오른쪽에서 3번째 기둥실, 2번
째 엮는 실로 〈우→좌〉를 1코
뜬다.

4 좌우 각각에서 중앙으로 1코씩
매듭을 뜬다. 중앙에서 〈좌→
우〉로 1코를 뜬다.

5 왼쪽 끝에서 〈우→좌〉로 1코
를 뜬다.

6 오른쪽 끝에서 〈좌→우〉로 1코
를 뜬다.

7 1~3의 순서로 오렌지색 실로
좌우 각각 1코씩 뜬다.

8 순서 4의 방법으로 좌우 각각
에서 중앙으로 1코씩, 중앙에
1코, 총 5코를 만든다.

9　좌우 각각 바깥쪽에서 중앙으
로 3코씩 뜨고 중앙에서 1코를
뜬다. 하트 모양이 완성된다.

10　양쪽의 오렌지색 실에서 순서
9의 방법으로 1단 뜬다. 왼쪽
끝에서 〈우→좌〉로 1코를 뜬다.

11　마찬가지로 오른쪽 끝에서 〈좌
→우〉로 1코를 뜬다.

12　5~11의 순서를 반복하여 9
개의 하트 모양을 만든다.

13　8줄을 한줄엮기로 묶고, 좌
우 4줄씩 나눠서 2·1·1줄로
세갈래땋기를 7.5cm 뜬다.
한줄엮기를 한 다음 실 끝을
가지런히 자른다. 펜던트를
O링으로 달아준다.

팔찌를 만들 때 필요한 실의 길이

'하트 패턴'을 만드는 경우를 예로 들어보겠습니다. 고리 바
로 아래의 한줄엮기부터 매듭 끝부분의 한줄엮기까지는 약
14~15cm입니다. 준비할 실의 길이는 이것의 5~7배이며, 보
통 실을 반으로 접어서 사용하므로 다시 2배를 곱해야 합니
다. 이때 줄이 가늘수록 길이도 길어집니다. 일단 4cm 정도
매듭을 만들어 보고 사용할 길이를 계산하는 것도 좋지만,
실 1줄에 2m 정도가 준비되어 있으면 대개 어떤 디자인이든
만들 수 있습니다. 발찌 또는 남성용 팔찌처럼 매듭을 길게
만드는 경우에는 끝 부분의 고리를 넓게 하고 세갈래땋기를
길게 뜨면 됩니다.

G 링　G-33 뒷사선엮기 (33쪽 참고)

재료

햄프끈(1.2mm):
화이트, 와인, 그린, 핑크 각 170cm
우드 비즈(길이 6mm): 4개
우드 또는 자개 비즈(고리용): 1개

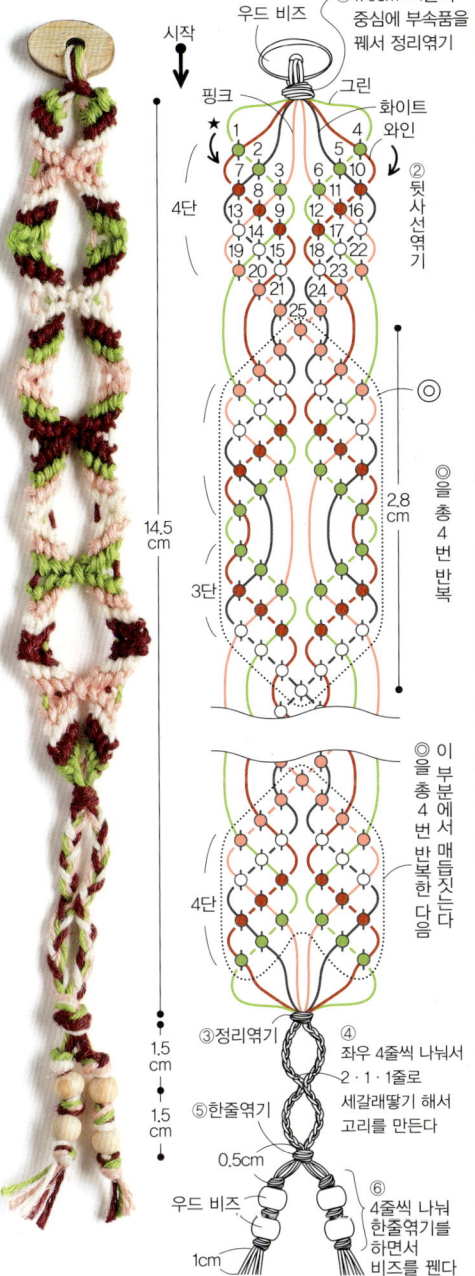

시작

① 170cm×4줄의 중심에 부속품을 꿰서 정리엮기

우드 비즈

핑크
그린
화이트
와인

★

4단

② 뒷사선엮기

14.5 cm

◎

◎을 총 4번 반복

2.8 cm

3단

이 부분에서 총 4번 반복한 다음

◎을 총 4번 반복한 다음 매듭짓는다

4단

1.5 cm

1.5 cm

③ 정리엮기
④ 좌우 4줄씩 나눠서 2·1·1줄로 세갈래땋기 해서 고리를 만든다
⑤ 한줄엮기
0.5cm
우드 비즈
⑥ 4줄씩 나눠 한줄엮기를 하면서 비즈를 꿴다
1cm

※ 이해를 돕기 위해서 실의 색과 재료를 바꿔서 설명합니다.

1 8줄을 배색 순서대로 놓고 왼쪽에서 〈좌→우〉뒷사선엮기를 1코 뜬다.

2 같은 엮는 실로 왼쪽에서 중앙으로 3코를 뜬다.

3 오른쪽에서 〈우→좌〉로 3코를 뜬다.

4 1~3의 과정을 반복하고 좌우 각각 4색, 총 4단을 만들고 중앙에서 1코를 뜬다.

5 중앙에서 바깥쪽으로 좌우를 각각 3코씩 떠서 십자형을 만든다.

6 중앙에서 바깥쪽으로 좌우 각각 3코씩 뜬다.

7 5, 6의 순서로 4색을 4단으로 뜬다. 이어서 같은 엮는 실로 〈좌→우〉를 1코 뜬다.

8 3코를 뜨면 1단이 된다. 이 것을 바깥쪽에서 중앙으로 3색 3단을 만든다. 오른쪽도 6~8과 같은 순서로 뜬다.

9 5~8의 순서로 좌우 각각 중앙에서 4단, 바깥쪽에서 3단을 떠서 링 모양 모티브 (◎) 1개를 만든다. ◎을 총 4번 반복한 다음 그림대로 4단을 뜬다.

10 8줄을 정리엮기해서 51쪽 10~11의 방법으로 고리를 만들어 그림처럼 비즈를 꿰서 완성한다.

H 다이아몬드　　H-38 뒷사선엮기＋터칭엮기 (35쪽 참고)

재료
햄프끈(1.2mm): 화이트 180cm
퍼플, 레드, 연파랑 각 165cm
골드 펜던트: 1개

※ H-36은 괄호 안의 실을 사용해
동일한 방법으로 만든다.

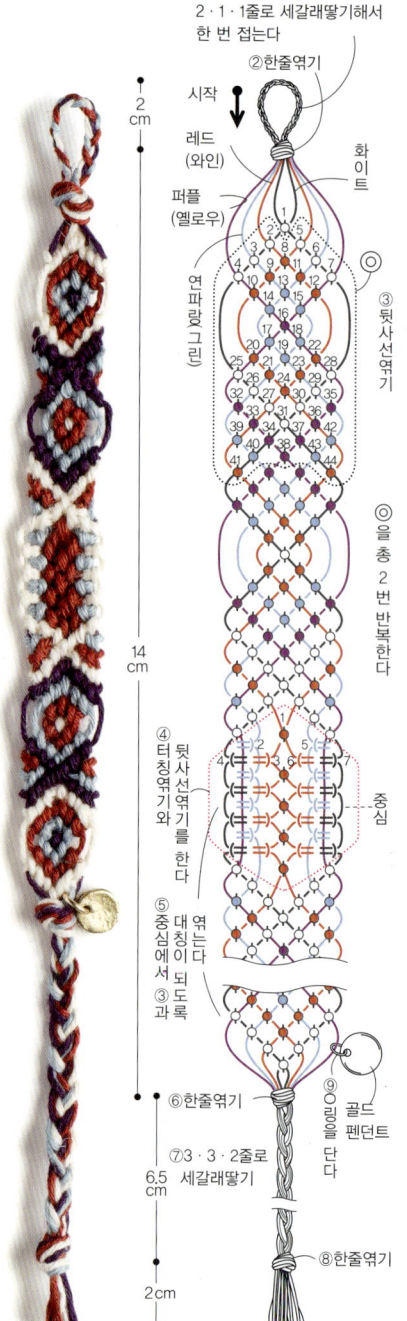

①180cm×1줄, 165cm×3줄,
총 4줄의 중심에
2·1·1줄로 세갈래땋기해서
한 번 접는다

②한줄엮기

시작

레드
(와인)

퍼플
(옐로우)

연파랑(그린)

화이트

③뒷사선엮기

◎을 총 2번 반복한다

④터칭엮기와 뒷사선엮기를 한다

중심

⑤중심 대칭에이어서 되 ③도과록

⑥한줄엮기

⑨링을 골드 펜던트 단다

⑦3·3·2줄로 세갈래땋기

6.5cm

⑧한줄엮기

2cm

2cm

14cm

※ 이해를 돕기 위해서 실의 색과 재료를 바꿔서 설명합니다.

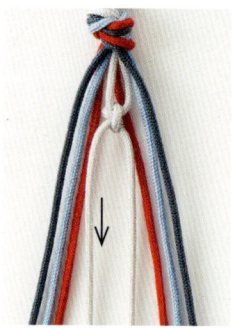

1 배색순서대로 실을 두고 중앙에서 〈우→좌〉뒷사선엮기를 1코 뜬다.

2 중앙에서 왼쪽 방향으로 〈우→좌〉를 3코 뜬다.

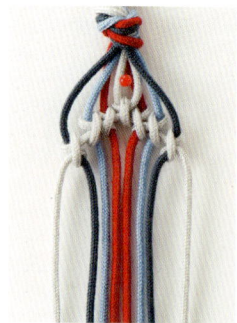

3 중앙에서 오른쪽 방향으로 〈좌→우〉로 3코 뜨고 7코 1단으로 완성한다.

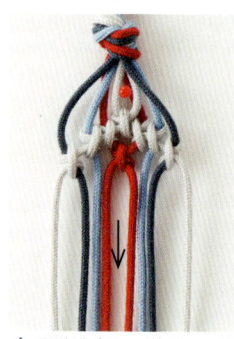

4 중앙에 〈우→좌〉로 1코를 뜬다.

5 2~3의 순서로 좌우 각각 2코씩 뜨고 총 5코 1단으로 완성한다.

6 1~3의 순서로 중앙에 1코, 좌우 각각 1코로 해서 3단째를 완성한다.

7 순서 1과 같은 방법으로 1코를 뜬다.

8 이 단부터는 바깥쪽에서 중앙으로 뜬다. 좌우 각각 1코씩 뜨고 중앙에서 1코, 총 3코를 뜬다.

9 레드는 좌우 각각 2코, 중앙에 1코, 총 5코를 뜬다.

10 화이트로 좌우 각각 3코, 중앙에 1코, 총 7코를 뜬다.

11 퍼플 역시 순서 10과 같은 방법으로 7코를 뜬다.

12 연파랑을 왼쪽 끝에서 〈좌→우〉로 2코 뜬다.

13 레드로 왼쪽 끝에 〈좌→우〉로 1코를 뜬다.

14 12~13의 순서로 오른쪽도 3코를 뜬다. 2~14까지 하면 1모티브(◎)가 된다. 다시 중앙에서 밖으로, 좌우 각각 3코씩 뜬다.

15 4~14의 순서를 반복한다.

16 ◎가 두 개째가 되면 무늬가 완성된다.

17 중앙에서 1코 뒷사선엮기를 한다(1). 퍼플을 기둥실로, 오른쪽의 연파랑을 엮는 실로 해서 터칭엮기를 1코 뜬다(2).

18 연파랑 기둥실을 오른쪽의 엮는 실로 터칭엮기를 1코 뜬다(3).

19 왼쪽의 엮는 실로 퍼플 기둥실에 터칭엮기를 1코 뜬다(4).

20 매듭을 당긴다.

21 (2)~(4)의 순서로 오른쪽도 마찬가지로 뜨고 중앙에서 뒷사선엮기를 1코 뜬다.

22 (1)~(4)를 총 4번 반복하고 중앙에서 뒷사선엮기를 1코 뜨면 중심의 무늬가 완성된다.

23 순서 10의 방법으로 1단을 뜬다.

24 12~13를 참고하여 중앙에서 좌우 각각 바깥쪽으로 1코 1단, 2코 2단을 뜬다.

25 중심에서 상하 대칭이 되도록 엮어 총 14cm로 만든다.

26 8줄을 1줄엮기한 다음 3·3·2줄로 세갈래땋기를 6.5cm정도 한다. 마지막으로 다시 한줄엮기를 하고 자른다.

작품 도안

* 햄프끈에 비즈를 꿸 때는 실 끝에 소량의 접착제를 발라서
  가늘고 딱딱하게 만들면 비즈를 꿰기가 쉽습니다.

A-1의 재료

햄프끈(1.2mm): 레인보우 믹스 80cm×3줄
메탈 비즈(구멍 1.4mm 이상): 골드 26개
골드 펜던트: 1개
골드 O링: 1개

A-4의 재료

햄프끈(1.2mm): 블루 믹스 80cm×3줄
글라스 비즈(구멍 1.4mm 이상): 화이트 26개

A-6의 재료

햄프끈(1.2mm): 모노톤 믹스 80cm×3줄
메탈 비즈(구멍 1.4mm 이상): 실버 26개

A-39의 재료

햄프끈(1.2mm): 파스텔 믹스 80cm×3줄
메탈 비즈(구멍 1.4mm 이상): 실버 26개
실버 피스 펜던트: 1개
실버 O링: 1개

[만드는 방법] (48쪽 참고)
A의 매듭법으로 실의 색과 비즈를 바꿔서 만든다.

A-3의 재료

햄프끈(1.2mm): 파랑 80cm×3줄
우드 비즈(구멍 1.4mm 이상): 40개
메탈 펜던트: 1개

[만드는 방법] (48쪽 참고)
A의 변형 매듭으로, 비즈를 오른쪽 그림처럼
꿰서 완성한다.

A-5의 재료

햄프끈(1.2mm): 퍼플 80cm×3줄
글라스 비즈(구멍 1.4mm 이상): 블루 16개

[만드는 방법] (48쪽 참고)
A의 변형 매듭으로, 비즈를 오른쪽 그림처럼
꿰서 완성한다.

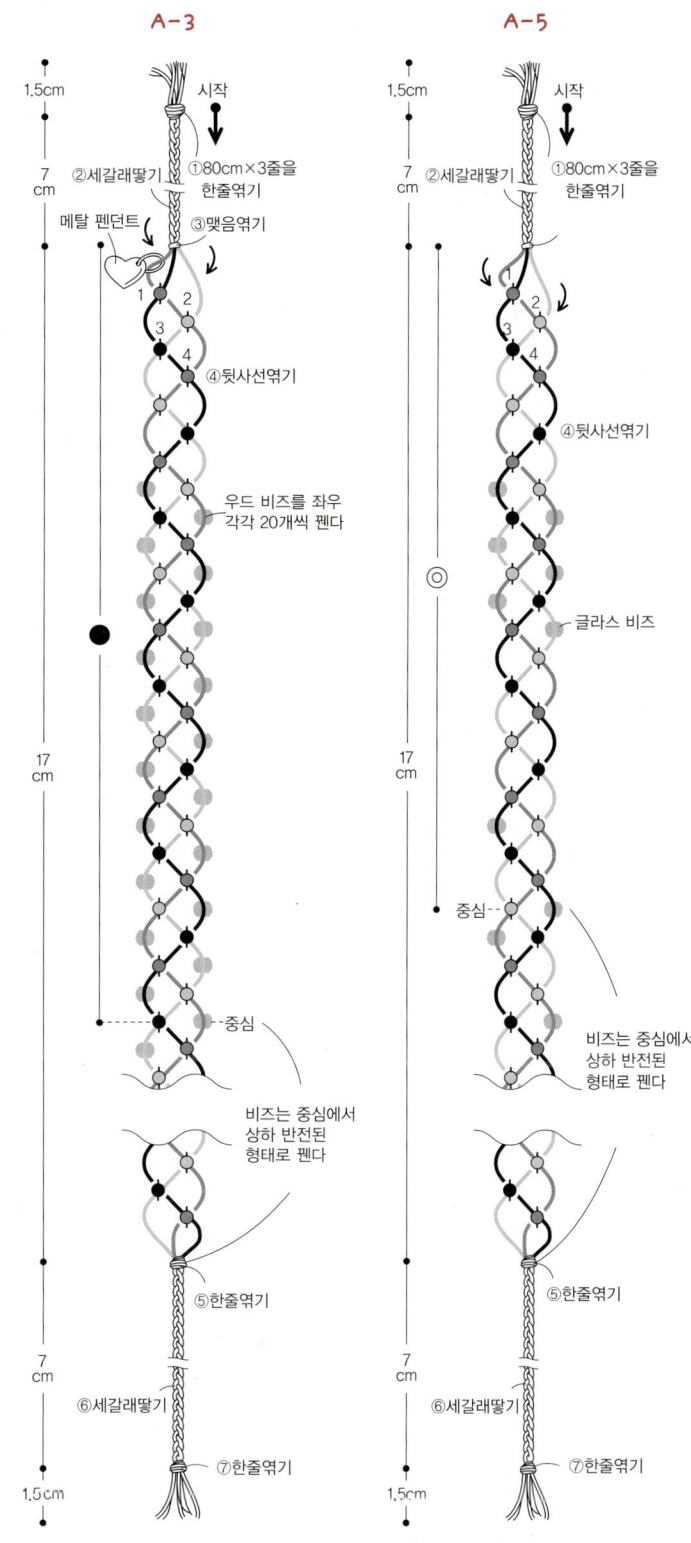

A-3

A-5

1.5cm
7cm
②세갈래땋기
시작
①80cm×3줄을 한줄엮기
③맺음엮기
메탈 펜던트
④뒷사선엮기
우드 비즈를 좌우 각각 20개씩 꿴다
17cm
중심
비즈는 중심에서 상하 반전된 형태로 꿴다
⑤한줄엮기
7cm
⑥세갈래땋기
⑦한줄엮기
1.5cm

1.5cm
7cm
②세갈래땋기
시작
①80cm×3줄을 한줄엮기
④뒷사선엮기
글라스 비즈
17cm
중심
비즈는 중심에서 상하 반전된 형태로 꿴다
⑤한줄엮기
7cm
⑥세갈래땋기
⑦한줄엮기
1.5cm

B-7의 재료

왁스코드(1mm):
베이지, 바이올렛, 그린 각 170cm
메탈 비즈(고리용): 1개

B-8의 재료

왁스코드(1mm):
브라운, 그레이, 블랙 각 170cm
우드 또는 자개 비즈(고리용): 1개

[만드는 방법] (49쪽 참고)
B의 변형 매듭으로,
오른쪽에서 왼쪽으로 사선엮기를
반복해서 그림과 같이 완성한다.

B-10의 재료

면사 자수실(1.2mm):
화이트 170cm×2줄
그린 170cm
블랙 160cm
골드 펜던트: 1개
골드 O링: 1개

[만드는 방법] (50쪽 참고)
B의 매듭법으로 실의 색상을
바꿔서 완성한다.

B-7, B-8

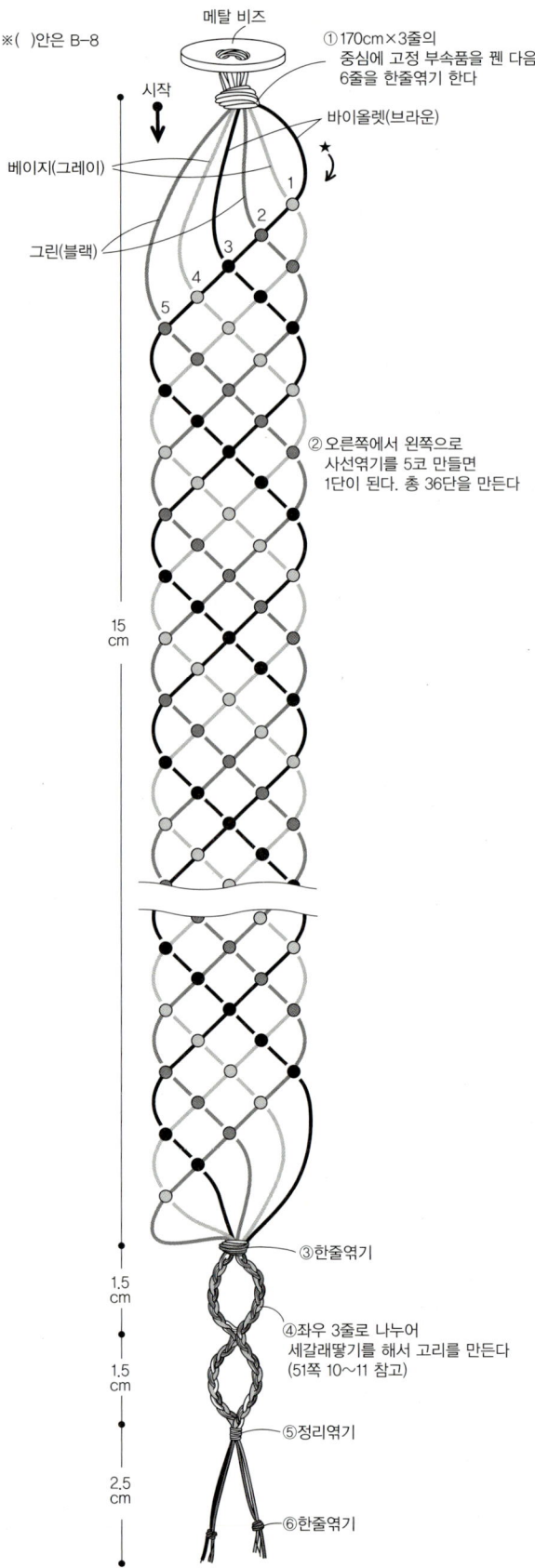

※( )안은 B-8

메탈 비즈

시작

① 170cm×3줄의
중심에 고정 부속품을 꿴 다음
6줄을 한줄엮기 한다

바이올렛(브라운)

베이지(그레이)

그린(블랙)

② 오른쪽에서 왼쪽으로
사선엮기를 5코 만들면
1단이 된다. 총 36단을 만든다

15 cm

1.5 cm

③한줄엮기

④좌우 3줄로 나누어
세갈래땋기를 해서 고리를 만든다
(51쪽 10~11 참고)

1.5 cm

⑤정리엮기

2.5 cm

⑥한줄엮기

C-11의 재료

햄프끈(0.7mm) 또는 나일론끈(0.7mm):
옐로우, 레드 각 160cm
블루, 그레이 각 175cm
메탈 펜던트: 1개
실버 O링: 1개
메탈 비즈(구멍 0.9mm 이상) 실버: 28개

[만드는 방법] (51쪽 참고)
C의 변형 매듭으로,
3단과 4단은 중앙에서 좌우 양쪽으로
1코씩 떠서 십자가 모양을 만든다.
◎은 비즈를 꿰면서 반복해서 완성한다.

C-13의 재료

햄프끈(1.2mm):
화이트, 오렌지, 레드, 핑크 각 70cm×2줄
열쇠고리: 1개
메탈 팬던트: 1개
실버 O링: 1개

[만드는 방법] (51쪽 참고)
C와 같은 매듭법과 배색으로 12cm를 엮어
도안처럼 완성한다.

시작

2cm

① 175cm, 160cm 각 2줄,
총 4줄의 중심에 2·1·1줄로
세갈래땋기를 3cm 한 후
한 번 접는다

②한줄엮기
레드
그레이
블루
옐로우

★

◎ ③뒷사선엮기

비즈를 꿰면서
◎를 총 8번 반복한다

메탈 비즈

15cm

O링
메탈 펜던트

④한줄엮기

⑤좌우 각 4줄로 나눠서
2·1·1줄로 세갈래땋기

6cm

⑥한줄엮기

① 4색 각 70cm
4cm

② 배색은 51쪽과 같은
색으로 해서 ◎을
6번 반복한다

12cm

13 완성도

열쇠고리

6cm

O링
메탈 펜던트

③ 임시로 묶은 한줄엮기를
풀고 열쇠고리에 걸쳐서
한 번 접은 다음
핑크로 정리엮기

3cm

가지런히 자른다

햄프끈(0.7mm) 또는 나일론끈(0.7mm):
그레이, 진핑크, 브라운 각 160cm
메탈 비즈(고리용): 1개
글라스 비즈: 실버, 그린 각 30개

C-15의 재료

햄프끈(0.7mm) 또는 나일론끈(0.7mm):
블루, 터키, 베이지, 그레이 각160cm
메탈 비즈(고리용): 1개

[만드는 방법] (51쪽 참고)
C-14는 C의 매듭법으로
비즈를 꿰면서 완성한다.
C-15는 C의 매듭법으로
실을 바꿔서 만든다.

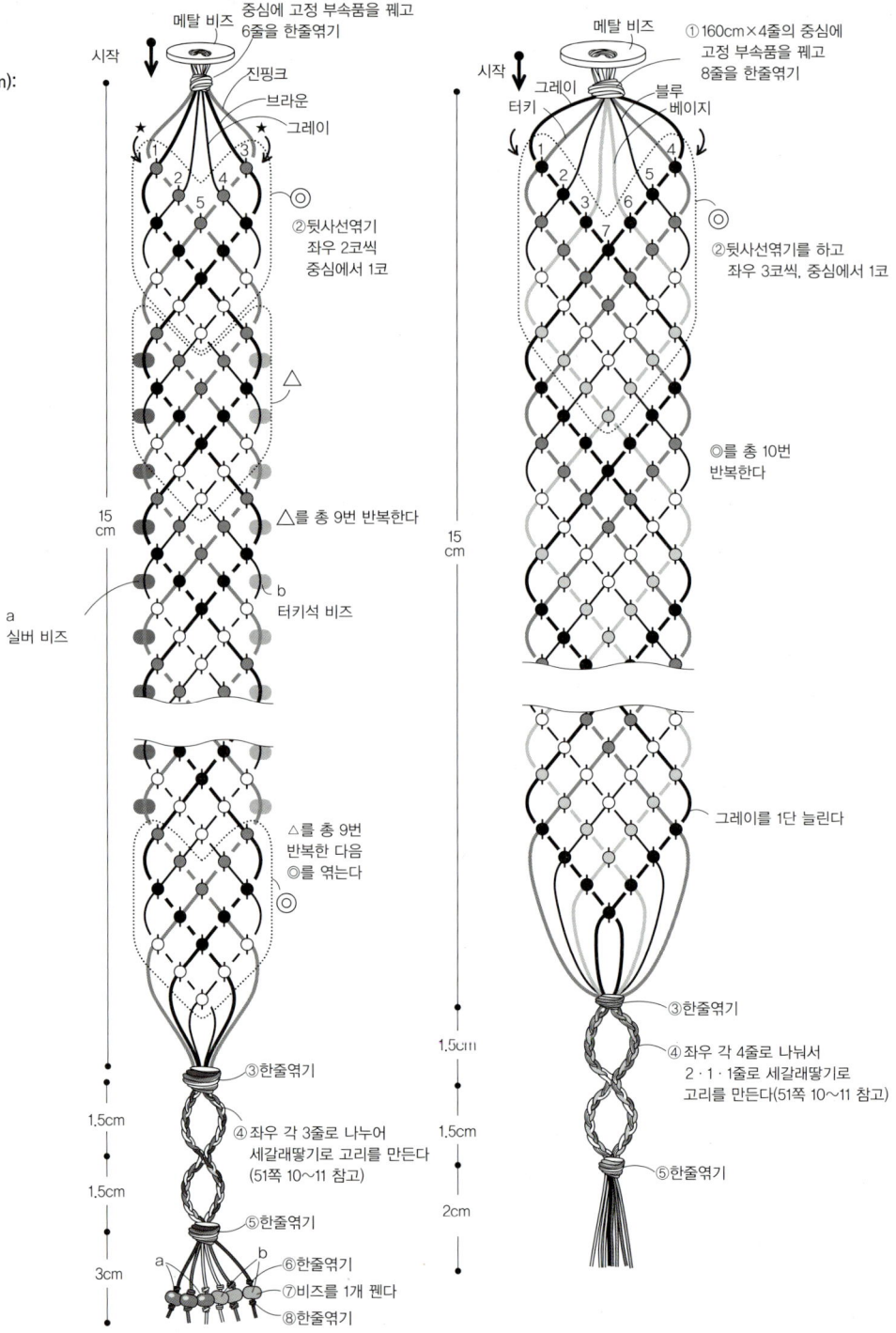

C-14

①160cm×3줄의
중심에 고정 부속품을 꿰고
6줄을 한줄엮기

메탈 비즈
시작
진핑크
브라운
그레이

②뒷사선엮기
좌우 2코씩
중심에서 1코

△를 총 9번 반복한다

b
터키석 비즈

a
실버 비즈

△를 총 9번
반복한 다음
◎를 엮는다

15cm

③한줄엮기

④좌우 각 3줄로 나누어
세갈래땋기로 고리를 만든다
(51쪽 10~11 참고)

1.5cm

⑤한줄엮기
⑥한줄엮기
⑦비즈를 1개 꿴다
⑧한줄엮기

a
b

1.5cm

3cm

C-15

①160cm×4줄의 중심에
고정 부속품을 꿰고
8줄을 한줄엮기

메탈 비즈
시작
그레이
터키
블루
베이지

②뒷사선엮기를 하고
좌우 3코씩, 중심에서 1코

◎를 총 10번
반복한다

15cm

그레이를 1단 늘린다

③한줄엮기

④좌우 각 4줄로 나눠서
2·1·1줄로 세갈래땋기로
고리를 만든다(51쪽 10~11 참고)

⑤한줄엮기

1.5cm

1.5cm

2cm

D-17의 재료

햄프끈(0.7mm) 또는 나일론끈(0.7mm):
오렌지 180cm, 진핑크 140cm,
그린, 베이지 각 200cm
론델 또는 굵은 메탈 비즈: 1개
골드 펜던트: 1개
골드 O링: 1개

[만드는 방법] (52쪽 참고)
D-18과 같은 매듭법으로 12cm 엮고
도안처럼 완성한다.

D-18의 재료

햄프끈(0.7mm):
오렌지 190cm, 진핑크 160cm,
그린, 베이지 각 220cm
메탈 비즈(고리용): 1개

[만드는 방법] (52쪽 참고)
D의 매듭법으로
실과 배색을 바꿔서 만든다.

D-19의 재료

햄프끈(1.2mm):
그린, 진핑크, 연파랑 각 180cm,
오렌지 180cm×2줄
메탈 비즈(구멍 1.4mm 이상): 실버 16개
메탈 비즈(고리용): 1개
메탈 펜던트: 1개
실버 O링: 1개

[만드는 방법] (52쪽 참고)
D의 매듭법으로 실을 5줄씩
총 10줄로 매듭을 엮고, 비즈를
도안처럼 꿰면서 완성한다.

D-17

①실 4줄의 길이를
좌우 다르게 해서 정리한
다음 접는다. 접은 지점에서
2cm 여유를 두고 한줄엮기
실을 정리하는 방법은
52쪽을 참고한다

완성도

O링

AC
1241

②D-18처럼 ◎을 좌우 교대로 4번하고 마지막에 오른쪽에서 1번 엮어서 12cm 길이로 한다 뒷사선엮기

③임시로 묶은 한줄엮기를 풀고 처음에 접은 4줄짜리 원을 자른다. ②를 접어서 줄(그린)로 고리를 만든다

론델

⑤남은 실은 잘라서 접착제로 처리한다 론델 속에도 접착제를 넣어서 단단히 고정시킨다

④3색으로 3번씩 감아서 정리엮기

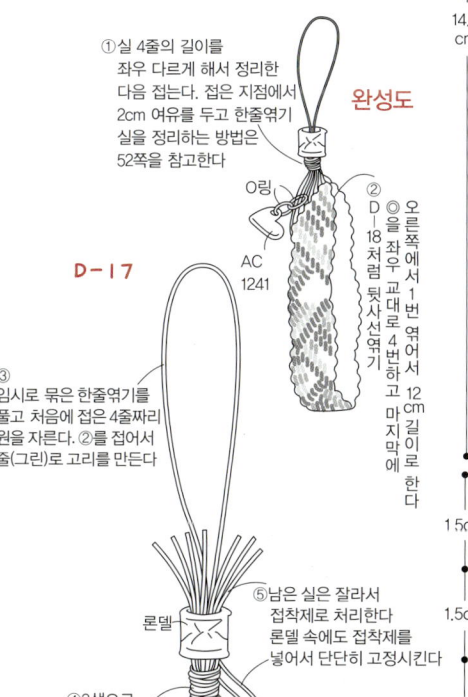

D-20

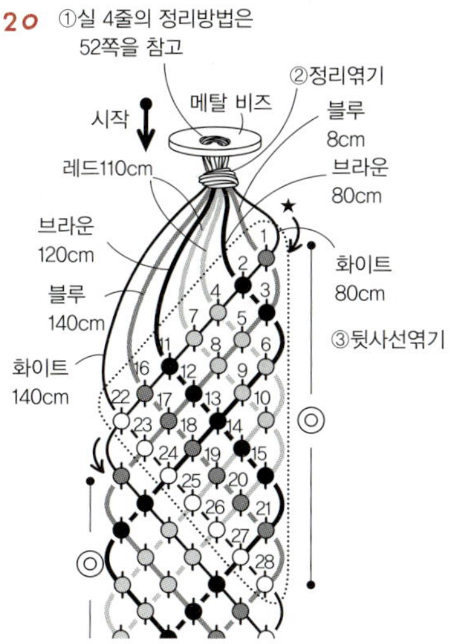

①실 4줄의 정리방법은 52쪽을 참고

시작

메탈 비즈

②정리엮기

블루 8cm

브라운 80cm

화이트 80cm

레드110cm

브라운 120cm

블루 140cm

화이트 140cm

③뒷사선엮기

◎

◎

D-18

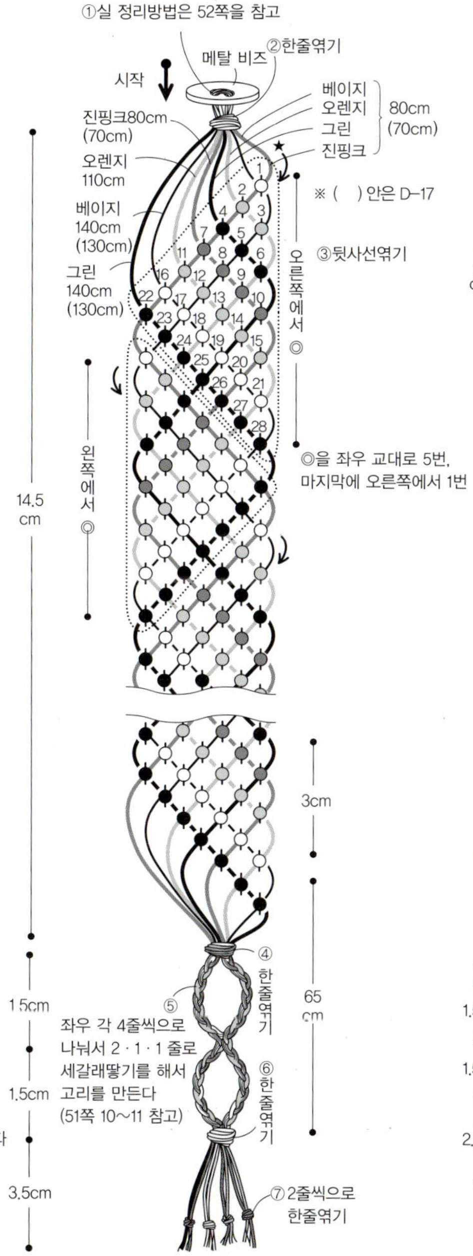

①실 정리방법은 52쪽을 참고

②한줄엮기

시작

메탈 비즈

베이지
오렌지 80cm
그린 (70cm)
진핑크

진핑크80cm (70cm)

오렌지 110cm

베이지 140cm (130cm)

그린 140cm (130cm)

★

※ ( ) 안은 D-17

오른쪽에서 ◎ 뒷사선엮기

14.5cm

왼쪽에서

◎을 좌우 교대로 5번, 마지막에 오른쪽에서 1번

1.5cm

1.5cm

3.5cm

④한줄엮기

⑤좌우 각 4줄씩으로 나눠서 2·1·1로 세갈래땋기를 해서 고리를 만든다 (51쪽 10~11 참고)

⑥한줄엮기

⑦2줄씩으로 한줄엮기

3cm

65cm

D-20의 재료

햄프끈(1.2mm):
화이트, 레드, 블루 각 220cm,
브라운 200cm
메탈 비즈(고리용): 1개

[만드는 방법] (52쪽 참고)
D의 매듭법으로 ◎를 좌우 각 5번씩 교
대로 엮는다. 고리는 D-18과 동일하게 만
든다. 술은 D-18의 ⑥처럼 한줄엮기를 한
다음 3cm 여유를 두고 자른다.

D-19

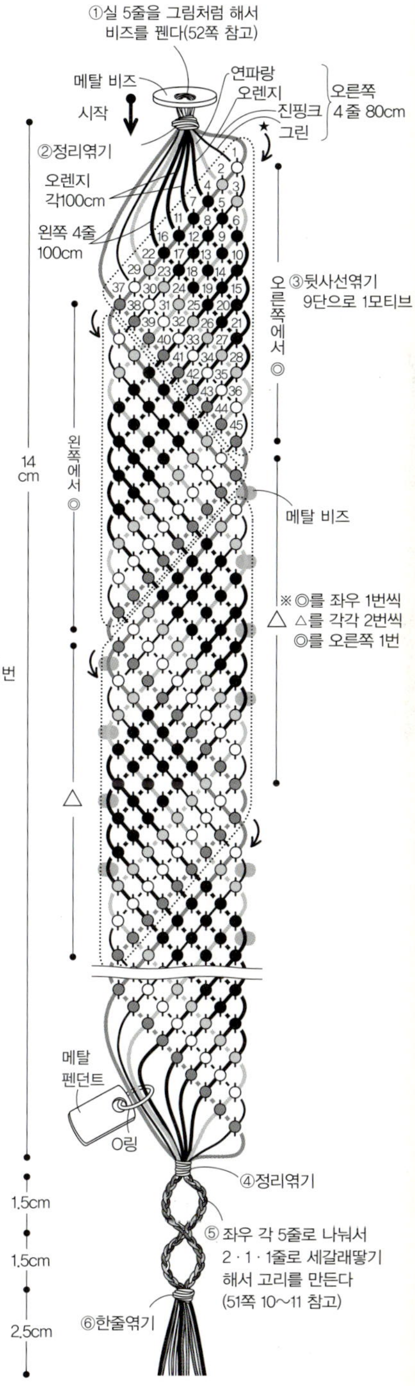

①실 5줄을 그림처럼 해서
비즈를 꿴다(52쪽 참고)

메탈 비즈

시작

연파랑 오렌지 진핑크 그린

오른쪽 4줄 80cm

②정리엮기

오렌지 각100cm

왼쪽 4줄 100cm

③뒷사선엮기
오른쪽에서 9단으로 1모티브

오른쪽에서
◎

왼쪽에서

△

14cm

메탈 비즈

※◎를 좌우 1번씩
△를 각각 2번씩
◎를 오른쪽 1번

메탈 펜던트

O링

④정리엮기

1.5cm

1.5cm

2.5cm

⑤좌우 각 5줄로 나눠서 2·1·1줄로 세갈래땋기를 해서 고리를 만든다 (51쪽 10~11 참고)

⑥한줄엮기

E-21의 재료

면사 자수실(1.2mm):
블랙&화이트 믹스 300cm,
블루 150cm×2줄, 연파랑 150cm
메탈 비즈(고리용): 1개

[만드는 방법] (53, 54쪽 참고)
E의 매듭법으로 실의 색을 바꿔서 만든다.

E-23의 재료

면사 자수실(1.2mm):
화이트 260cm,
옐로우, 블루, 그린 각 60cm×2줄
열쇠고리: 1개
실버 O링: 1개
메탈 펜던트: 1개

E-24의 재료

면사 자수실(1.2mm):
그린 300cm,
화이트, 블루, 연파랑 각 140cm
실버 비즈(구멍 0.9mm 이상): 16개
메탈 비즈(고리용): 1개

[만드는 방법] (53, 54쪽 참고)
E-23, E-24는 E의 매듭법으로
실의 색을 바꿔서 만든다.

E-23

열쇠고리 배색

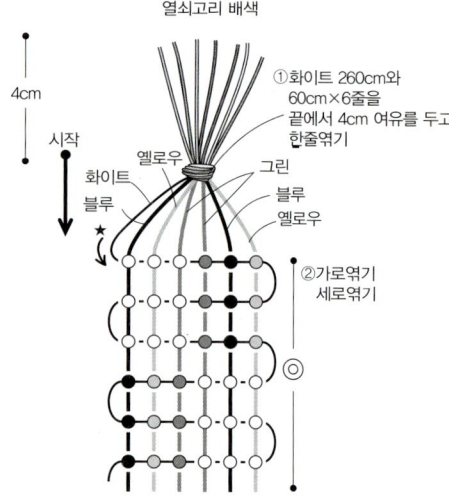

4cm
시작

화이트
블루

옐로우
그린
블루
옐로우

①화이트 260cm와
60cm×6줄을
끝에 4cm 여유를 두고
한줄엮기

②가로엮기
세로엮기

◎를 총 7번 반복한다.

E-23의 완성도

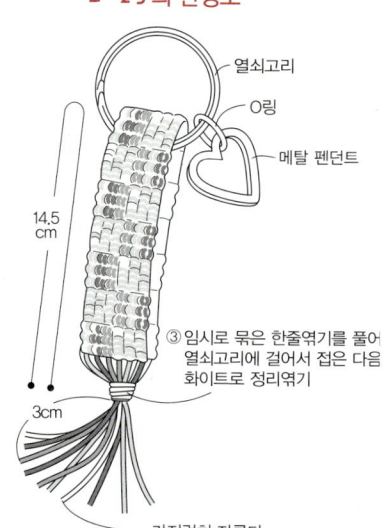

열쇠고리
O링
메탈 펜던트

14.5 cm

③임시로 묶은 한줄엮기를 풀어
열쇠고리에 걸어서 접은 다음
화이트로 정리엮기

3cm

가지런히 자른다

E-24

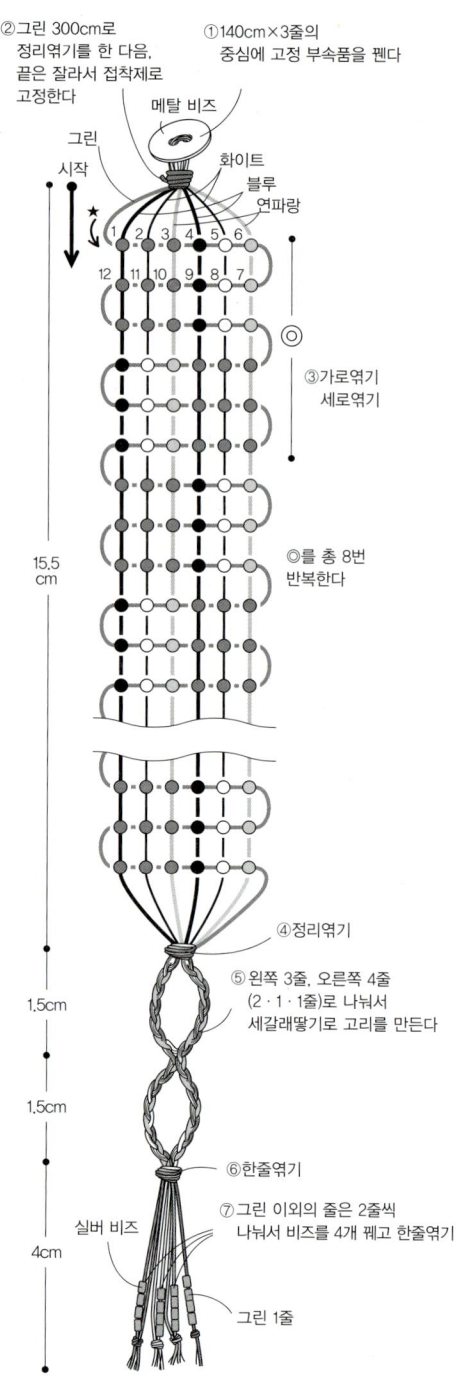

①140cm×3줄의
중심에 고정 부속품을 꿴다

②그린 300cm로
정리엮기를 한 다음,
끝은 잘라서 접착제로
고정한다

메탈 비즈

그린
시작

화이트
블루
연파랑

15.5 cm

③가로엮기
세로엮기

◎를 총 8번
반복한다

1.5cm

1.5cm

4cm

④정리엮기

⑤왼쪽 3줄, 오른쪽 4줄
(2·1·1줄)로 나눠서
세갈래땋기로 고리를 만든다

⑥한줄엮기

⑦그린 이외의 줄은 2줄씩
나눠서 비즈를 4개 꿰고 한줄엮기

실버 비즈

그린 1줄

* 실에 비즈를 꿸 때 실 끝에 접착제를 약간 바르면
가늘고 단단해져서 쉽게 꿸 수 있다

F-25의 재료

햄프끈(0.7mm) 또는 나일론끈(0.7mm): 베이지 240cm×2줄,
진핑크 220cm×2줄
메탈 비즈(길이 2mm): 골드 52개
골드 펜던트: 1개
골드 O링: 1개

F-26의 재료

햄프끈(0.7mm) 또는 나일론끈(0.7mm): 진핑크 190cm×2줄,
그린 170cm×2줄
메탈 비즈(길이 2mm): 골드 36개

[만드는 방법] (55, 56쪽 참고)
F의 변형 매듭으로, 왼쪽 27번째와 오른쪽 28번째 매듭 코의 색이 바뀐다. 오른쪽 도안처럼 좌우에 비즈를 꿰서 완성한다.

F-27의 재료

햄프끈(0.7mm) 또는 나일론끈(0.7mm): 라이트 그레이 190cm×2줄,
진핑크 170cm×2줄
메탈 비즈(길이 2mm): 실버 32개

F-28의 재료

햄프끈(1.2mm):
화이트, 레드 각 200cm×2줄
메탈 펜던트: 1개
실버 O링: 1개

[만드는 방법] (55, 56쪽 참고)
F-27은 F의 매듭법으로 실의 색을 바꾸고 비즈를 꿰어서 완성한다.
F-28도 F의 매듭법으로, 실의 색을 바꿔 완성한다.

F-26(F-25)

①190cm(240cm)×2줄과 170cm(220cm)×2줄,
총 4줄의 중심에 2·1·1줄로 4cm를 세갈래땋기 한다. 한 번 접는다

※( )안은 F-25

시작

2cm

진핑크 (베이지)
그린 (진핑크)

②한줄엮기

③뒷사선엮기

메탈 비즈

비즈를 꿰면서
◎를 총 9번(13번) 반복한다

14.5cm (21cm)

비즈를 꿰면서
◎를 총 9번(13번) 반복했다면 이 부분을 엮는다

(O링)
골드 펜던트는 F-25만 단다

④한줄엮기

⑤좌우 4줄씩 나눠서 2·1·1줄로 세갈래땋기

5cm

1.5cm

⑥한줄엮기

F-27

①190cm, 170cm 각 2줄,
총 4줄의 중심에 2·1·1줄로 4cm를 세갈래땋기 한다. 한 번 접는다

시작

2cm

②한줄엮기
진핑크
라이트 그레이

③뒷사선엮기

메탈 비즈

비즈를 꿰면서
◎를 총 8번 반복한다

14.5cm

비즈를 꿰면서
◎를 총 8번 반복했다면 이 부분을 엮는다

④한줄엮기

⑤좌우 4줄씩 나눠서 2·1·1줄로 세갈래땋기

5cm

1.5cm

⑥한줄엮기

G-30의 재료

면사 자수실(1.2mm):
베이지, 그린, 퍼플, 청록 각 170cm
우드 또는 자개 비즈(고리용): 1개

G-31의 재료

면사 자수실(1.2mm):
블루, 연파랑 각 170cm
블루 믹스 각 170cm×2줄
우드 비즈(길이 6mm): 4개
우드 또는 자개 비즈(고리용): 1개

[만드는 방법] (57쪽 참고)
G의 변형 매듭으로,
실의 색과 단수를 바꿔서 완성한다.

B-40의 재료

면사 자수실(1.2mm):
파스텔 레인보우 믹스 175cm×2줄
아이보리, 연핑크 각 175cm
메탈 비즈(구멍 1mm 이상): 골드 60개
투명 비즈(구멍 1mm 이상): 46개
골드 비즈(고리용): 1개

[만드는 방법] (50쪽 참고)
B의 변형 매듭이다. 실 4줄을 잡아 중심에 고리용 비즈를 꿰어 한줄엮기를 한 다음, 배색에 맞춰 8줄을 순서대로 놓는다. 오른쪽에서 뒷사선엮기를 7코 엮어 1단을 만들고, 총 7단을 뜬다(◎). 그 다음에는 각 2줄로 나눈 왼쪽 기둥실을 오른쪽의 엮는 실로 4코 뜬다. 좌우 양쪽의 실은 그냥 두지 말고 2줄씩 3코를 뜨고, 다음 단은 4코로 여유 있게 떠서 그물처럼 연출한다. 다음 단은 다시 7코 1단을 뜨고 좌우 양쪽 3줄에 비즈를 꿴다. 중앙의 2줄은 엮는 실과 기둥실을 교대로 바꿔서 1코 3단을 뜬다(△). ◎△△◎△의 순서로 반복해서 엮고 마지막에 7코 1단으로 마무리한 다음 도안처럼 완성한다.

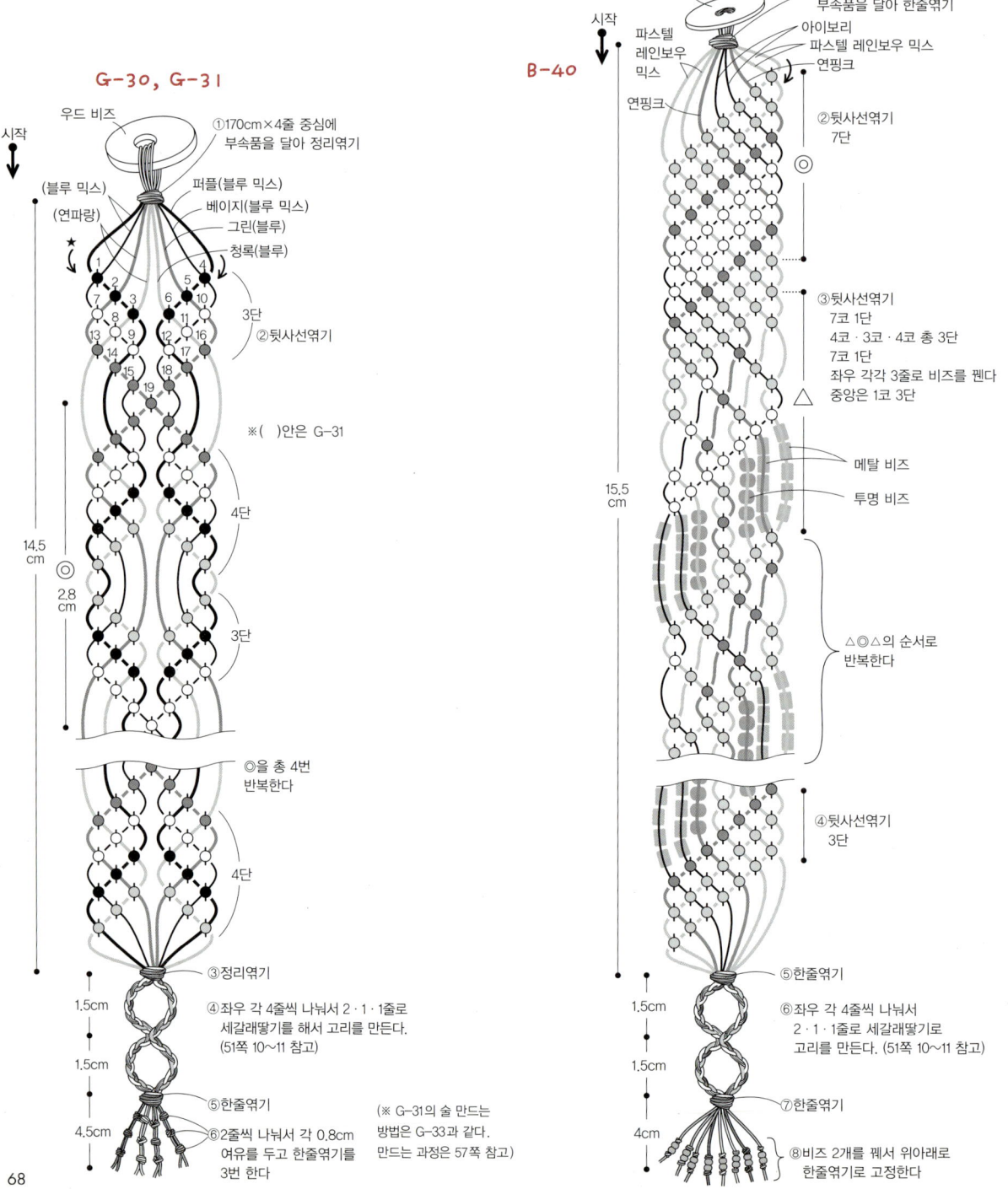

68

G-32의 재료

햄프끈(0.7mm) 또는 나일론끈(0.7mm):
화이트, 레드, 진핑크, 브라운 각 140cm
열쇠고리: 1개
골드 펜던트: 1개
골드 O링: 1개

[만드는 방법] (57쪽 참고)
G의 매듭법으로 실을 바꿔서
같은 단 수로 뜨면 길이가 14cm가 된다.
도안의 설명대로 완성한다.

G-41의 재료

면사 자수실(1.2mm):
파스텔 레인보우 믹스 275cm×2줄
아이보리, 핑크 각 275cm
실버 펜던트: 1개
메탈 비즈(구멍 1mm 이상): 8개
우드 또는 자개 비즈(고리용): 1개
우드 비즈(길이 6mm): 36개
실버 O링: 2개

[만드는 방법] (57쪽 참고)
G의 변형 매듭으로, 실의 색과
단수를 바꿔서 완성한다.

G-41

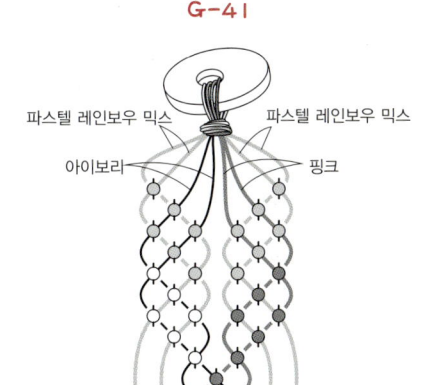

파스텔 레인보우 믹스   파스텔 레인보우 믹스
아이보리   핑크

G-32

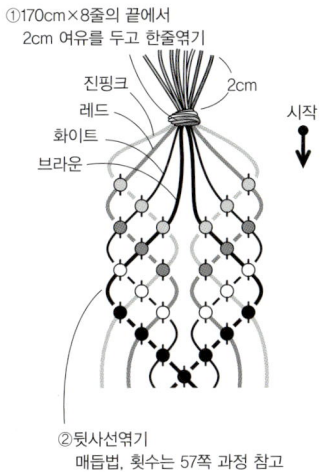

①170cm×8줄의 끝에서
2cm 여유를 두고 한줄엮기

진핑크
레드
화이트
브라운
2cm

시작

②뒷사선엮기
매듭법, 횟수는 57쪽 과정 참고

완성도

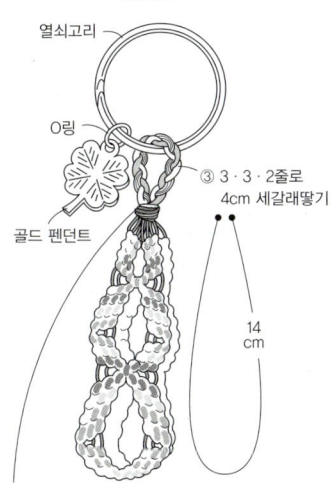

열쇠고리
O링
골드 펜던트

③ 3·3·2줄로
4cm 세갈래땋기

14
cm

④ 세갈래땋기를 링에 걸어서 임시로 묶은
한줄엮기를 풀고 남은 실로 정리엮기
남은 실은 잘라서 끝과 매듭 안쪽에
접착제를 발라서 단단하게 고정한다

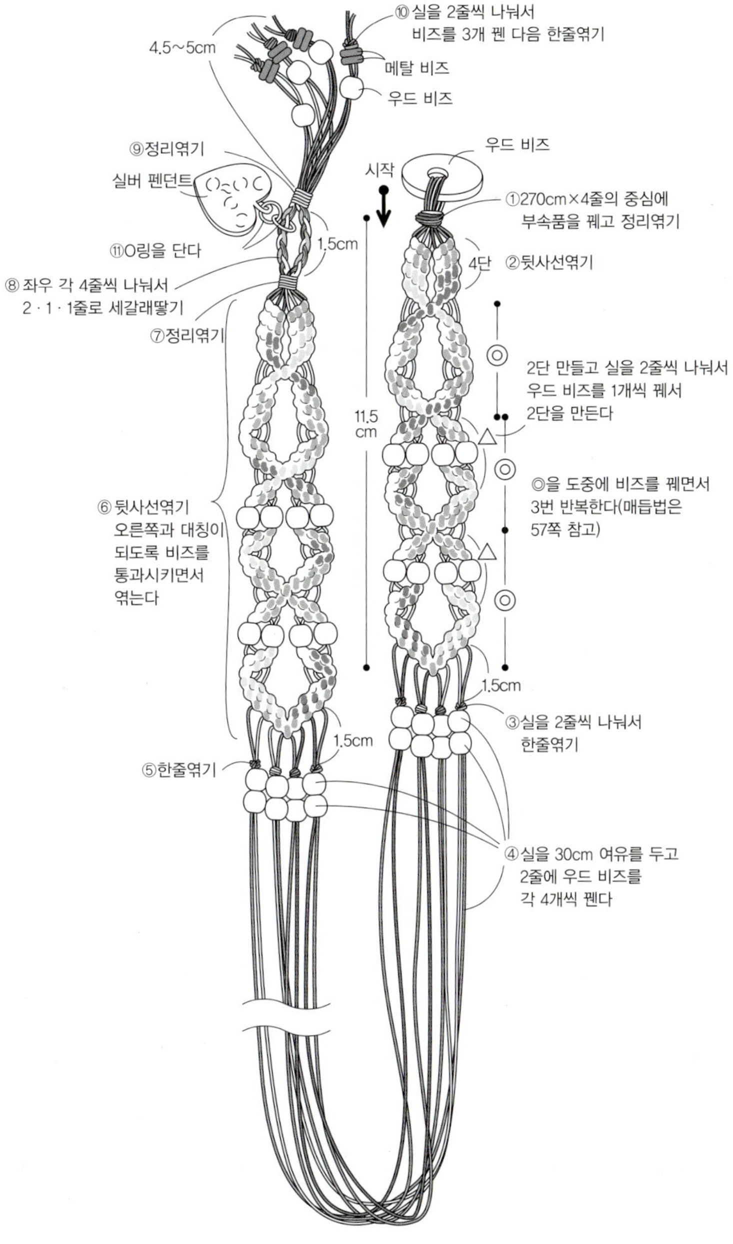

4.5~5cm

⑩실을 2줄씩 나눠서
비즈를 3개 꿴 다음 한줄엮기
메탈 비즈
우드 비즈

⑨정리엮기
실버 펜던트

⑪O링을 단다

⑧ 좌우 각 4줄씩 나눠서
2·1·1줄로 세갈래땋기

⑦정리엮기

1.5cm

시작

우드 비즈

①270cm×4줄의 중심에
부속품을 꿰고 정리엮기

②뒷사선엮기

4단

2단 만들고 실을 2줄씩 나눠서
우드 비즈를 1개씩 꿰서
2단을 만든다

◎을 도중에 비즈를 꿰면서
3번 반복한다(매듭법은
57쪽 참고)

11.5
cm

⑥ 뒷사선엮기
오른쪽과 대칭이
되도록 비즈를
통과시키면서
엮는다

1.5cm

③실을 2줄씩 나눠서
한줄엮기

⑤한줄엮기

1.5cm

④실을 30cm 여유를 두고
2줄에 우드 비즈를
각 4개씩 꿴다

H-34의 재료

햄프끈(0.7mm) 또는 나일론끈(0.7mm): 진핑크 185cm,
옐로우, 그린, 베이지 각 160cm

H-35의 재료

햄프끈(0.7mm) 또는 나일론끈(0.7mm): 그린 185cm,
옐로우, 진핑크, 베이지 각 160cm

H-43의 재료

햄프끈(0.7mm) 또는 나일론끈(0.7mm): 오렌지 185cm
블루, 그린, 라이트 그레이 각 160cm
메탈 비즈(길이 2mm): 실버 42개

[만드는 방법] (58, 59쪽 참고)
H-34, 35는 H의 변형 매듭이다.
가는 실로 배색 순서를 바꿔
H의 방법으로 만든다.
H-43은 H와 같은 방법으로
매듭을 엮으면서 비즈를 꿴다.

H-36의 재료

햄프끈(1.2mm): 화이트 180cm,
그린, 옐로우, 와인 각 165cm

H-37의 재료

햄프끈(1.2mm): 바이올렛 180cm,
옐로우, 오렌지, 연파랑 각 165cm
골드 펜던트: 1개

[만드는 방법] (58, 59쪽 참고)
H-36은 H의 매듭법으로 실의 색을
바꿔서 만든다.
H-37은 H의 변형 매듭으로 중앙의
터칭엮기 무늬 대신 ◎를 총 4번
반복한 다음, 마지막 부분에 매듭을
지어서 완성한다.

H-34, H-35, H-43

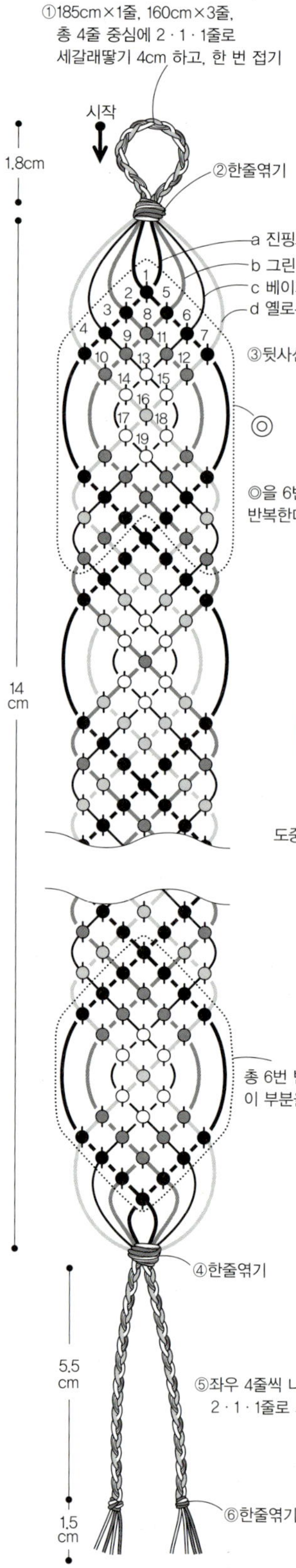
①185cm×1줄, 160cm×3줄,
총 4줄 중심에 2 · 1 · 1줄로
세갈래땋기 4cm 하고, 한 번 접기
시작
1.8cm
②한줄엮기
a 진핑크
b 그린
c 베이지
d 옐로우
③뒷사선엮기
◎
◎을 6번
반복한다
14
cm
총 6번 반복했다면
이 부분을 엮는다
④한줄엮기
5.5
cm
⑤좌우 4줄씩 나눠서
2 · 1 · 1줄로 세갈래땋기
⑥한줄엮기
1.5
cm

H-43

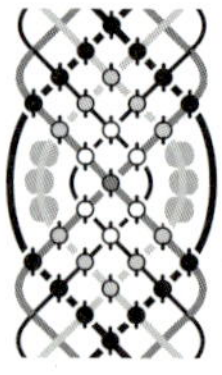

도중에 메탈 비즈를 꿴다

H-37

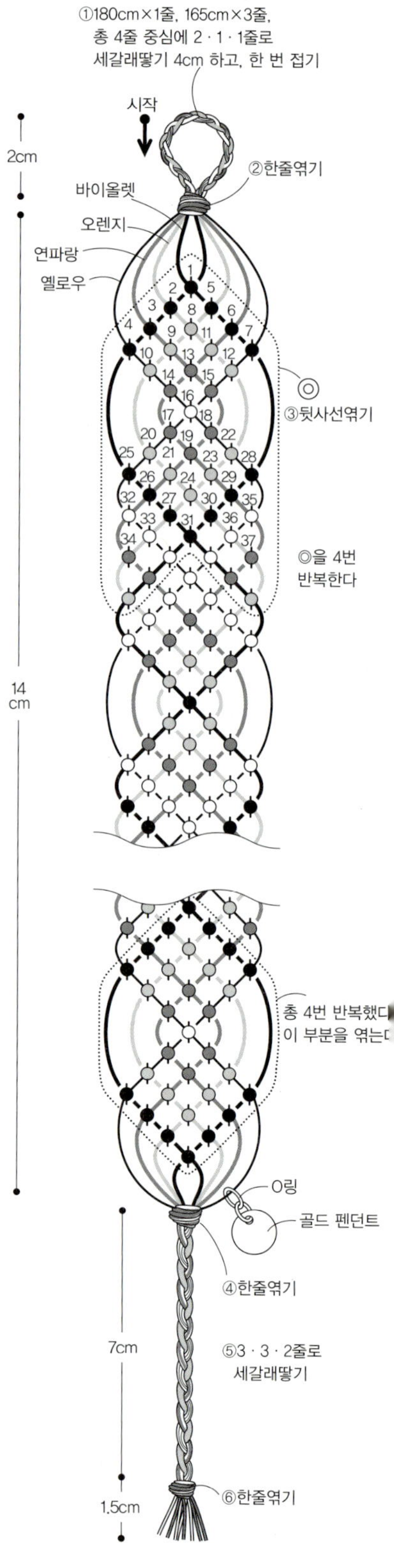
①180cm×1줄, 165cm×3줄,
총 4줄 중심에 2 · 1 · 1줄로
세갈래땋기 4cm 하고, 한 번 접기
시작
2cm
②한줄엮기
바이올렛
오렌지
연파랑
옐로우
◎
③뒷사선엮기
◎을 4번
반복한다
14
cm
총 4번 반복했다
이 부분을 엮는다
O링
골드 펜던트
④한줄엮기
7cm
⑤3 · 3 · 2줄로
세갈래땋기
⑥한줄엮기
1.5cm

H-34, 35, 43 색상표

작품 / no	34	35	43	길이
a	진핑크	그린	오렌지	185cm
b	그린	베이지	블루	160cm
c	베이지	진핑크	라이트 그레이	
d	옐로우	옐로우	그린	

A-42의 재료

햄프끈(1.2mm): 블루 150cm×3줄
열쇠 펜던트: 1개
메탈 비즈(구멍 1.4mm 이상): 골드 28개
컬러 비즈(구멍 1.4mm 이상): 블루 28개
골드 O링: 1개

[만드는 방법] (48쪽 참고)
A의 변형 매듭으로,
중심에서 좌우 대칭이 되도록 도안을
참고하여 만든다.

A-48의 재료

햄프끈(1.2mm): 레드 80cm×3줄
컬러 비즈(구멍 1.4mm 이상): 화이트 25개
메탈 펜던트: 1개

[만드는 방법] (48쪽 참고)
A의 매듭법으로 실의 색과
비즈를 바꿔서 만든다.

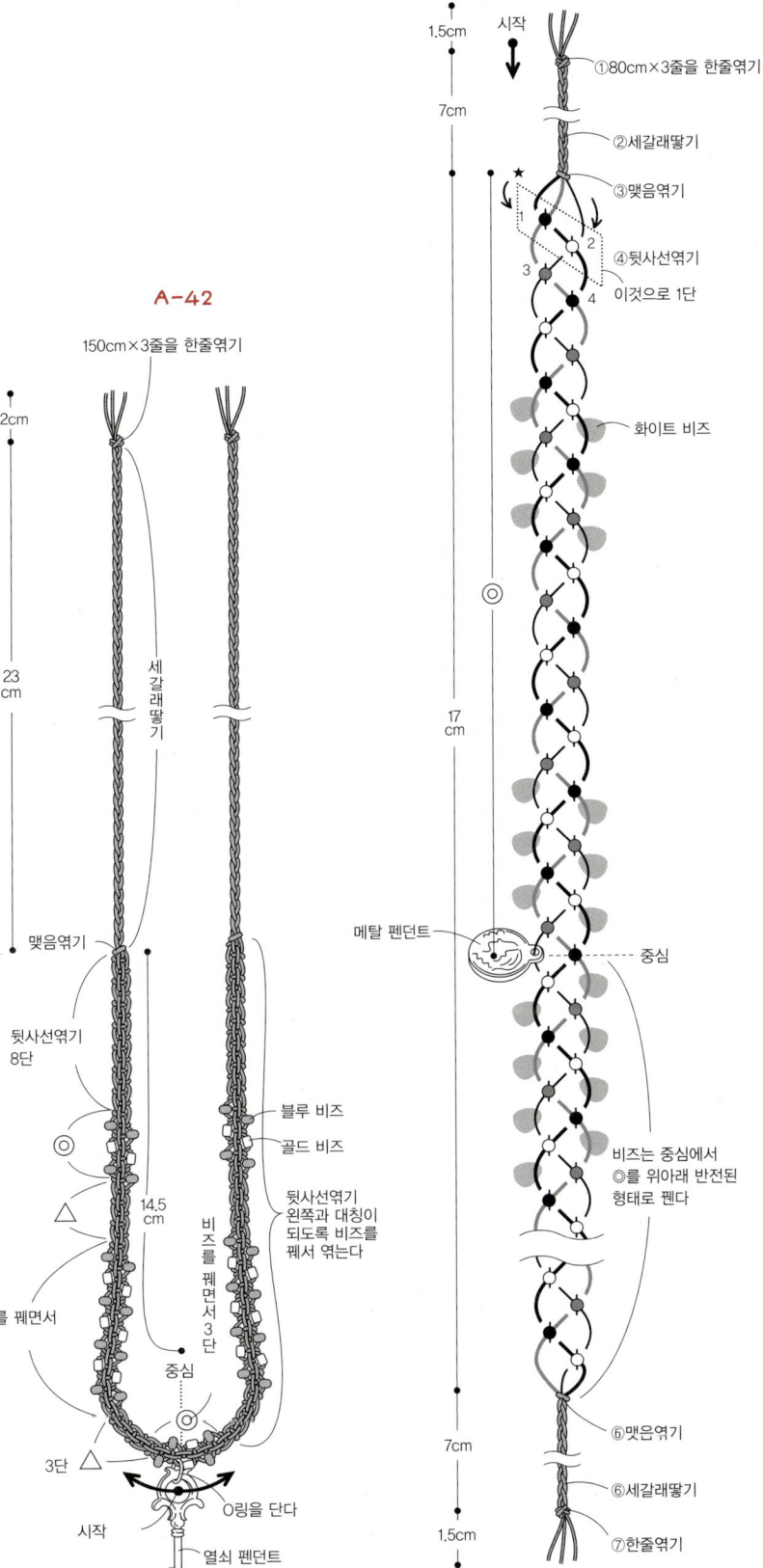

A-42

150cm×3줄을 한줄엮기

세갈래땋기

2cm

23 cm

맺음엮기

뒷사선엮기 8단

◎

△

14.5 cm

블루 비즈
골드 비즈

뒷사선엮기 왼쪽과 대칭이 되도록 비즈를 꿰서 엮는다

비즈를 꿰면서 7단

비즈를 꿰면서 3단

중심

3단 △

시작

O링을 단다

열쇠 펜던트

A-48

1.5cm

시작

7cm

①80cm×3줄을 한줄엮기

②세갈래땋기

③맺음엮기

★

2

3

4

④뒷사선엮기

이것으로 1단

화이트 비즈

◎

17 cm

메탈 펜던트

중심

비즈는 중심에서 ◎를 위아래 반전된 형태로 꿴다

⑥맺음엮기

⑥세갈래땋기

7cm

1.5cm

⑦한줄엮기

A-44의 재료

왁스코드(1mm): 그린 130cm×2줄
스톤 비즈(길이 6mm): 브라운 4개
글라스 비즈(길이 6mm): 그레이 6개
메탈 비즈(고리용): 1개

A-45의 재료

왁스코드(1mm): 블루 130cm×2줄
컬러 우드 비즈(길이 5mm):
화이트, 블루 각 7개
우드 또는 자개 비즈(고리용): 1개

A-46의 재료

왁스코드(1mm): 블랙 130cm×2줄
메탈 비즈(구멍 1.4mm 이상): 실버 26개
메탈 비즈(고리용): 1개
메탈 펜던트: 2개

[만드는 방법] (48쪽 참고)
A의 변형 매듭이다.
실을 고리용 비즈에 꿰기 전에
실의 길이를 정리하고 왼쪽 2코,
오른쪽 2코로 1모티브를 반복해서
도안처럼 완성한다.

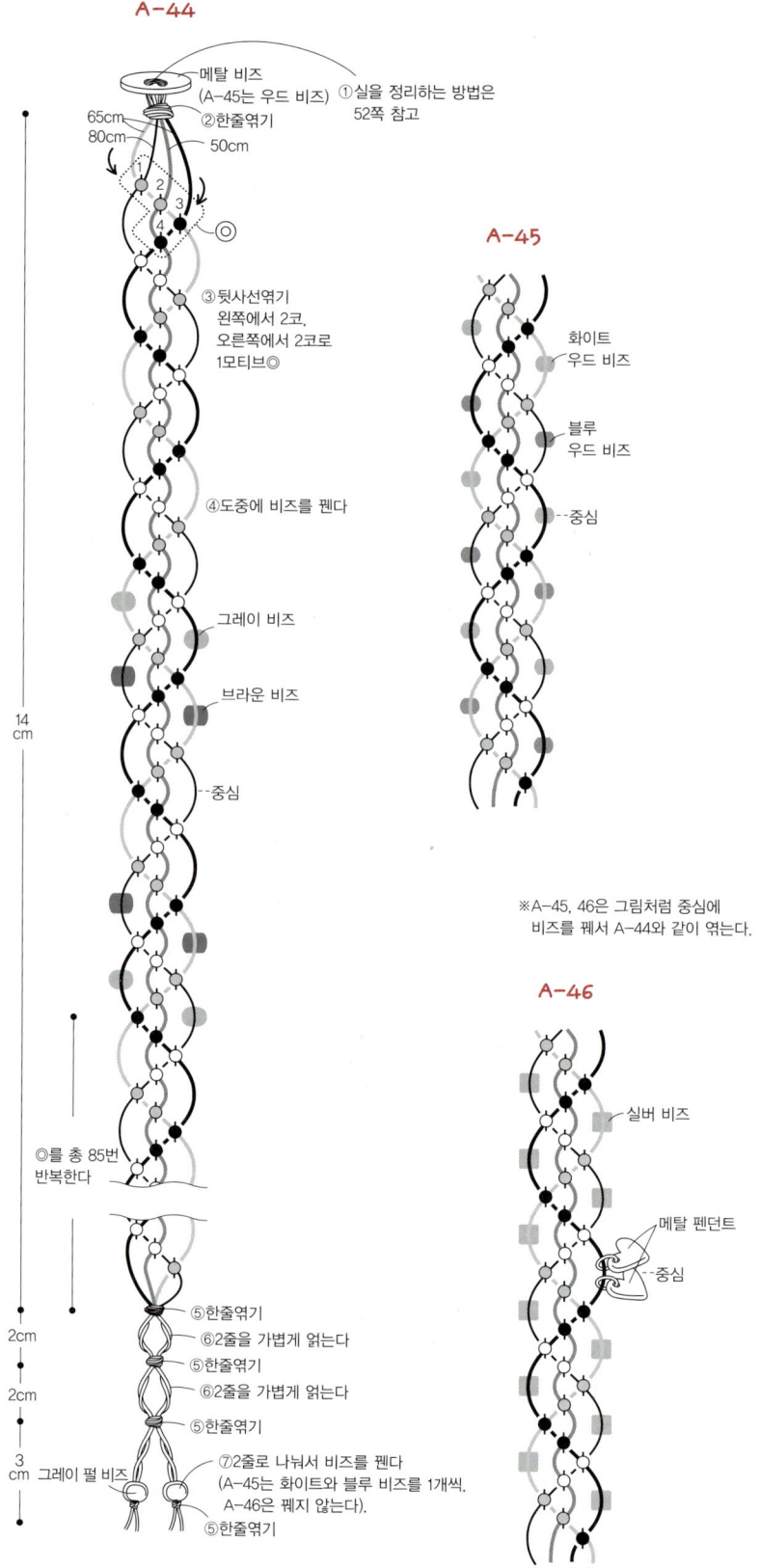

A-44

메탈 비즈
(A-45는 우드 비즈)
①실을 정리하는 방법은 52쪽 참고
②한줄엮기
65cm
80cm
50cm

③뒷사선엮기
왼쪽에서 2코,
오른쪽에서 2코로
1모티브◎

④도중에 비즈를 꿴다

그레이 비즈

브라운 비즈

중심

14cm

◎를 총 85번 반복한다

2cm

2cm

3cm 그레이 펄 비즈

⑤한줄엮기
⑥2줄을 가볍게 엮는다
⑤한줄엮기
⑥2줄을 가볍게 엮는다
⑤한줄엮기
⑦2줄로 나눠서 비즈를 꿴다
(A-45는 화이트와 블루 비즈를 1개씩.
A-46은 꿰지 않는다).
⑤한줄엮기

A-45

화이트 우드 비즈

블루 우드 비즈

중심

※A-45, 46은 그림처럼 중심에 비즈를 꿰서 A-44와 같이 엮는다.

A-46

실버 비즈

메탈 펜던트

중심

B-47의 재료

햄프끈(0.7mm) 또는 나일론끈(0.7mm):
오렌지, 레드, 와인, 아이보리 각 200cm,
그레이 190cm

[만드는 방법] (49쪽 참고)
B의 변형 매듭으로 실 5줄을
한 번 접어 총 10줄로 엮는다.
발찌이므로 추가된 길이만큼
◎를 반복해서 완성한다.

B-50의 재료

왁스코드(1mm):
베이지, 레드, 블루, 각 200cm
그린 180cm
메탈 비즈(길이 3cm): 골드 20개
메탈 비즈 원통형: 골드 2개
골드 비즈(고리용): 1개
론델 또는 굵은 메탈 비즈: 1개

[만드는 방법] (49쪽 참고)
B의 변형 매듭으로, ◎을 2번 반복하고
31cm 정도 여유를 둔 다음 처음과
같은 방법으로 뜬다. 고리를 만들고
실 끝에 비즈를 꿰서 완성한다.

B-47

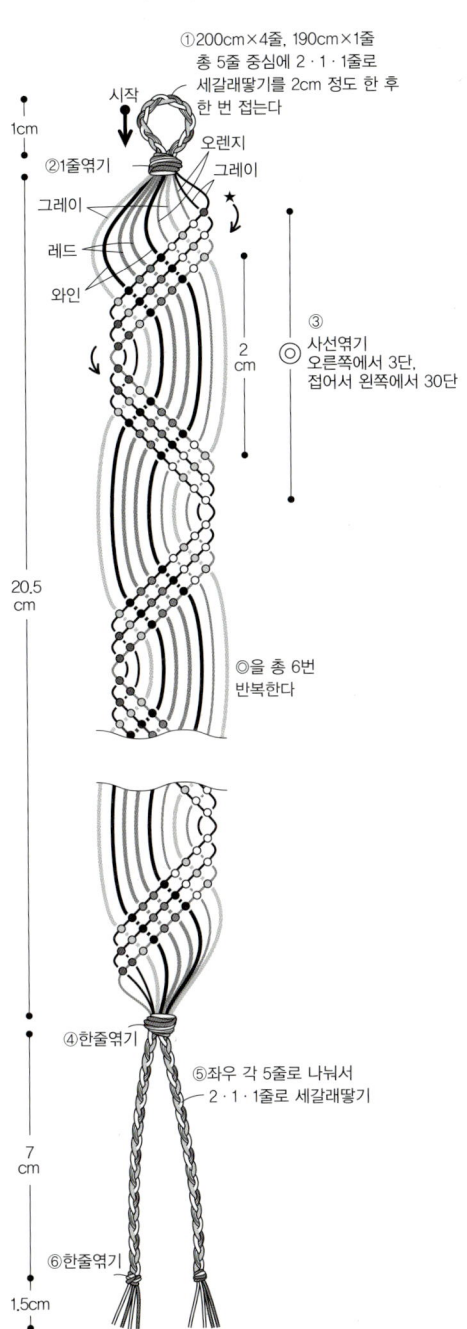

①200cm×4줄, 190cm×1줄
총 5줄 중심에 2·1·1줄로
세갈래땋기를 2cm 정도 한 후
한 번 접는다

시작

②1줄엮기

오렌지
그레이
그레이
레드
와인

③
사선엮기
오른쪽에서 3단,
접어서 왼쪽에서 30단

③
사선엮기
오른쪽에서 3단,
접어서 왼쪽에서 30단

◎을 총 6번
반복한다

1cm

2cm

20.5cm

④한줄엮기

⑤좌우 각 5줄로 나눠서
2·1·1줄로 세갈래땋기

7cm

⑥한줄엮기

1.5cm

B-50

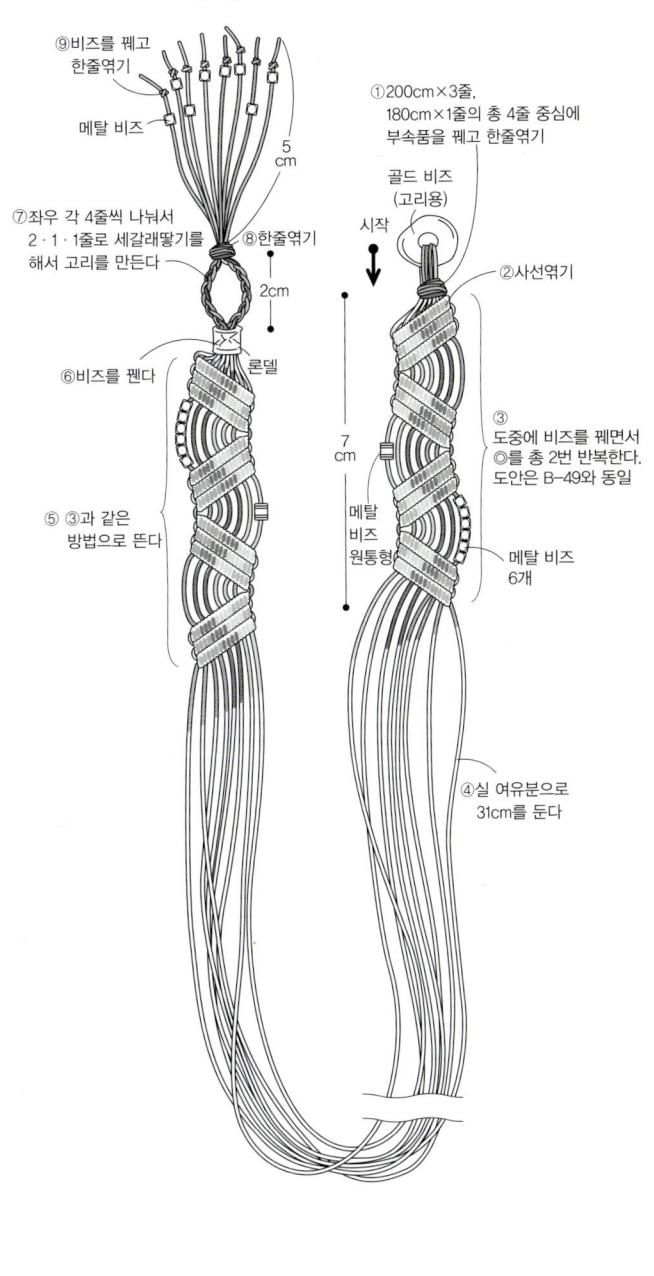

⑨비즈를 꿰고
한줄엮기

메탈 비즈

⑦좌우 각 4줄씩 나눠서
2·1·1줄로 세갈래땋기를
해서 고리를 만든다

⑧한줄엮기

⑥비즈를 꿴다

론델

⑤ ③과 같은
방법으로 뜬다

5cm

2cm

①200cm×3줄,
180cm×1줄의 총 4줄 중심에
부속품을 꿰고 한줄엮기

골드 비즈
(고리용)

시작

②사선엮기

③
도중에 비즈를 꿰면서
◎를 총 2번 반복한다.
도안은 B-49와 동일

메탈 비즈
6개

메탈
비즈
원통형

7cm

④실 여유분으로
31cm를 둔다

C-51의 재료

햄프끈(1.2mm): 라이트브라운,
블루, 블랙, 핑크 각 170cm
코끼리 펜던트: 1개
메탈 비즈(지름 3mm): 실버 16개
메탈 비즈(고리용): 1개
메탈 펜던트: 4개
실버 O링: 1개
베이지색 바느질실 적당량
캡보석(6mm):
오팔 1개, 투명 2개

C-53의 재료

햄프끈(1.2mm): 라이트 브라운,
진핑크, 그린, 블루 각170cm
메탈 비즈: 원통형 14개, 구슬형 12개
컬러 비즈: 블루 22개
골드 펜던트: 1개
골드 O링: 1개
우드 단추(18mm): 1개
캡보석(지름 5mm):
투명 4개
파이어폴리쉬드 비즈(4mm): 연하늘 12개
나일론 줄, 베이지색 바느질실 적당량

H-52의 재료

햄프끈(1.2mm): 베이지 180cm
퍼플, 그린, 옐로우, 핑크 (각 160cm)
메탈 비즈(길이 3mm): 골드 16개
글라스 비즈: 실버 6개
캡보석(14×10mm): 물방울 오팔 1개
캡보석(6mm): 투명 4개, 오팔 2개
베이지색 바느질실 적당량

[만드는 방법] (58, 59쪽 참고)
C-51은 C의 매듭법으로 실 색을 바꿔서 만든다.
비즈와 펜던트를 장식해서 완성한다.
C-53은 C의 매듭법으로 8단을 뜨고 중앙은
터칭엮기와 뒷사선엮기를 해서 비즈를 꿴다. 도
안처럼 무늬를 만들고, 다시 8단을 떠서
고리와 술을 만든다. 캡보석은 바느질로
고정하고 펜던트를 달아서 완성한다.

H-54의 재료

햄프끈(1.2mm): 블루, 라이트 브라운,
터키블루, 그린, 연하늘 각 160cm
메탈 펜던트: 1개
실버 O링: 1개
파란색 바느질실 적당량
글라스 비즈: 실버 6개
캡보석(5mm): 녹색 2개, 투명 4개
캡보석(10mm): 에메랄드 1개

[만드는 방법] (58, 59쪽 참고)
H-54는 H의 변형 매듭으로, 실을
5줄씩 총 10줄을 엮어 도중에 비즈를
도안처럼 꿰어 완성한다. 마지막으로
지정된 위치에 캡보석을 실로 꿰매어
장식한다.
H-52는 실의 색과 비즈를 바꾸어
같은 방법으로로 엮어 완성한다.

캡스톤 만들기

스톤캡   스와로브스키 · 큐빅
          스톤

스톤을 스톤캡에 넣고 틀의 4개
발톱을 안으로 구부려서 고정시
킨다. 캡스톤은 완제품으로 구매
가 가능하다.

C-51

시작

메탈 비즈
블랙
블루
라이트 브라운
핑크

①170cm×4줄 중심에
고정 부속품을 꿰고
블랙으로 정리엮기

②뒷사선엮기
4색 4단을 만든다

끝까지 ◎을
총 9번 반복한다

15.5 cm

⑨캡보석을 고정해서 꿰맨다

캡보석 투명
2cm
캡보석 오팔
중심
2cm
캡보석 투명

⑩O링으로 단다
메탈 펜던트
1.5cm

코끼리 펜던트

③핑크로 정리엮기
④좌우 각 4줄씩으로 나눠서
2 · 1 · 1줄로 세갈래땋기를 해서
고리를 만든다(51쪽 참고)

1.7 cm

1.7 cm

⑤핑크로 정리엮기

⑥한줄엮기
⑦비즈를 2개 꿴다
⑧한줄엮기
메탈 비즈

3 ~ 4.5 cm

H-52 비즈 배치도

a
캡보석 투명

b
캡보석 오팔

메탈 비즈
4개

a

a
캡보석
물방울 오팔

글라스 비즈

a
b

74

C-53

시작

①파이어폴리쉬드 비즈로
비즈볼을 만든다

우드 단추

②17cm×4줄 중심에
단추를 꿰서 접는다

③한줄엮기

진핑크
블루
그린

라이트 브라운

④뒷사선엮기
8단 만든다

3
cm

블루 비즈

1cm

0.5cm

14
cm

⑬캡보석 투명을 꿰맨다

원통형 메탈 비즈

중심

비즈볼

⑤터칭엮기와
뒷사선엮기로엮는다
양쪽의 2열에 블루 비즈와
원통형 메탈 비즈를
중앙에 비즈볼을 꿴다

⑬

5
cm

구슬형
메탈 비즈

3
cm

⑥④와 같이 엮는다

⑭O링으로 단다

골드 펜던트

⑦한줄엮기

⑧좌우 각 4줄씩 나눠서
2·1·1줄로 세갈래땋기로
고리를 만든다. (51쪽 참고)

1.7
cm

1.7
cm

⑨한줄엮기

블루 비즈

⑩한줄엮기

구슬형
메탈 비즈

⑪비즈를
3개 꿴다

2
cm

⑫한줄엮기

2.5
cm

H-54

시작

①180cm×1줄, 160cm×4줄 총 5줄을
2·1·1줄로 4cm 정도 세갈래땋기 한다
한 번 접는다

※( )안은 52

2
cm

②정리엮기

블루(베이지)

터키블루(핑크)

그린(그린)

라이트 브라운
(퍼플)

연하늘(옐로우)

③뒷사선엮기

캡보석 투명

캡보석 녹색

캡보석 투명

캡보석(10mm)
에메랄드

⑨캡보석을 고정시켜서 꿰맨다

글라스 비즈

중심

④터칭엮기와 뒷사선엮기로
엮는다. 양 끝에 글라스
비즈를 꿴다

14.5
cm

3 2
5 1

⑤배색은 바뀌지만
◎를 같은 방법으로 엮는다

메탈 펜던트

⑩O링으로 단다

⑥정리엮기

5.5
cm

⑦좌우 각 5줄씩 나눠서
2·1·1줄로 세갈래땋기

⑧한줄엮기

1.5
cm

중앙 무늬도

원통형 메탈 비즈

블루 비즈

구슬형 메탈 비즈

3
4
5

6
7

비즈볼을 꿴다

△

△

△

※중앙 무늬와 매듭법

- 중앙에서 뒷사선엮기를 1코 한 후(1) 동일한 엮는 실로 왼쪽 기둥실에 터칭엮기를 한다(2).
- 비즈를 2개 통과시킨 왼쪽 끝의 기둥실에 오른쪽 실로 터칭엮기(3), 이어서 동일한 엮는 실로 오른쪽 기둥실을 터칭엮기 해서 왼쪽에 코를 만든다(4). 왼쪽 끝의 실에 비즈 2개를 꿰고 동일한 엮는 실로 터칭엮기를 한다(5).
- (2)의 기둥실에 비즈 1개를 꿰고 (1)의 엮는 실로 터칭엮기를 한다(6). 이어서 (3)의 엮는 실로 (2)의 기둥실을 터칭엮기 한다(7). 오른쪽에도 (1)~(7)과 같은 순서로 엮는다. 여기까지가 1모티브(△)가 된다.
- 2번째 △를 반복하는 도중에 비즈볼을 중앙의 2줄에 꿴다. △를 총 3번 반복하고 마지막에 점선 부분을 엮는다. 배색은 바뀌지만 ◎도 같은 방법으로 만든다.

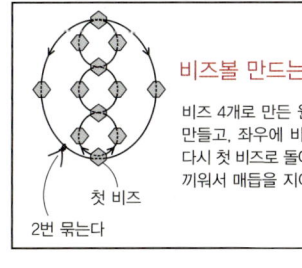

비즈볼 만드는 방법

비즈 4개로 만든 원을 아래부터 3단을
만들고, 좌우에 비즈를 1개씩 꿴 다음
다시 첫 비즈로 돌아와 나일론 실을 2줄
끼워서 매듭을 지어 볼을 만든다.

첫 비즈

2번 묶는다